Jenny Menzel

ALS DACH DER STERNENHIMMEL: CAMPING IN NEUSEELAND

Tipps und Tricks für den Wohnmobil-Urlaub am schönsten Ende der Welt

360° medien
mettmann

IMPRESSUM
Als Dach der Sternenhimmel: Camping in Neuseeland
Tipps und Tricks für den Wohnmobil-Urlaub am schönsten Ende der Welt
Jenny Menzel

Bibliografische Information der Deutschen Bibliothek
Die Deutsche Bibliothek verzeichnet diese Publikation in der deutschen Nationalbibliografie.
Detaillierte bibliografische Daten sind im Internet über http://dnb.ddb.de abrufbar

360° medien gbr mettmann | Nachtigallenweg 1 | 40822 Mettmann
www.360grad-medien.de

Redaktion und Lektorat: Andreas Walter

Gedruckt und gebunden:
Werbedruck GmbH Horst Schreckhase | Dörnbach 22 | 34286 Spangenberg
www.schreckhase.de

Bildnachweis:
Alle Bilder von Jenny Menzel außer den im Folgenden mit Seitenzahlen angegebenen: S. 8/9, S. 51, S. 53, S. 78/79, S. 81, S. 93, S. 110/111, S. 117, S. 124/125, S. 144, S. 148/149: Wilderness Motorhomes; S. 20: Flickr Aidan (cc); S. 21: DXR (cc); S. 30: Mattinbgn (cc); S. 70: Flickr/tolomea; S. 35 (pd); S. 36: Benchill (cc); S. 40: Eli_Duke (cc); S. 41: Apollo Camper; S. 66: Phillip Raillon; S. 75: odt.co.nz; S. 89: Brandon_Koger (cc); S. 91: Steffen Hillebrand (cc); S. 107: Karora (pd); S. 122 Fred (cc); S. 135 Nicola Barnard (cc); S. 142 Frank C. Müller (cc); S. 151 Andreas Walter

ISBN: 978-3-944921-47-1
Hergestellt in Deutschland

www.360grad-medien.de

Jenny Menzel

ALS DACH DER STERNENHIMMEL: CAMPING IN NEUSEELAND

Tipps und Tricks für den Wohnmobil-Urlaub am schönsten Ende der Welt

360° medien
mettmann

Inhaltsverzeichnis

Teil 2 Camping in Neuseeland 84

Vorwort

Neuseeland: ein ideales Land für den Urlaub im Wohnmobil

Mit dem Wohnmobil durch Neuseeland reisen – davon träumen viele und immer mehr Deutsche. Ist der Entschluss einmal gefasst, beginnt oft eine lange und anstrengende Recherche. Zahlreiche Fragen stellen sich, für die man Stunden im Reisebüro, im Internet und in einschlägigen Expertenforen verbringt. Gerade Familien oder „Spezialfälle“ wie Winter-Reisende finden trotzdem oft nicht die Informationen, die sie suchen.

Dieses Buch sammelt gezielt Fakten, Tipps und Wissenswertes rund um das Wohnmobil-Reisen in Neuseeland. Alle Informationen stammen aus erster oder aus gut recherchierter zweiter Hand – zusammengetragen und bewertet von unserer vierköpfigen Familie, die Anfang 2011 für zwei Monate quer über Nord- und Südinsel gereist ist. Natürlich im Campervan!

Wo finde ich ein Wohnmobil, das genau den Bedürfnissen meiner Familie entspricht? Worauf muss ich achten, wenn ich einen gebrauchten Campervan kaufen will? Wie schwierig ist das Fahren eines solchen Gefährts im Linksverkehr und wo sind die schönsten Strecken? Solche und zahlreiche weitere Fragen rund um den „Campervan“ (so heißen zumindest die kleineren Wohnmobile in Neuseeland) beantwortet **Teil 1** dieses Buches.

Dabei wurde bewusst auf die Vorstellung konkreter Routen verzichtet; wir sind der Meinung, dass man in Neuseeland am besten spontan selbst entscheidet, wohin die Fahrt gehen soll. Zu viele Unwägbarkeiten wie Wetter, Straßenzustand und Tageslaune machen eine genau geplante Streckenführung zumindest anstrengend; statt Sehenswürdigkeiten aus dem Reiseführer abzuhaken, sollte man in Neuseeland lieber die Augen und das Herz offen halten, um selbst Erfahrungen und Erlebnisse zu sammeln.

In **Teil 2** geht es um das „Drumherum“: Wo stellt man sein Zuhause auf Rädern nachts ab? Was kosten Campingplätze in Neuseeland? Wo bekomme ich Internet? Auch die heiß diskutierte Thematik des Freedom Camping (vergleichbar mit dem skandinavischen Jedermannsrecht) wird in diesem Teil behandelt.

Schließlich widmen wir uns ausführlich den Anliegen einer kleinen, aber stetig wachsenden Gruppe von Neuseeland-Reisenden: Familien mit (kleinen) Kindern. Ihre speziellen Fragen und Bedürfnisse werden in den gängigen Reiseführern und Ratgebern meist übersehen oder nur am Rand abgehandelt. Mit reichlich eigener Erfahrung, ergänzt durch die Hinweise von anderen Eltern, werden in Kapitel 10 sämtliche Fragen beantwortet, die Familien mit Kindern bei der Planung ihrer Reise begegnen.

Der **Anhang** sollte nicht überblättert werden – er ist einer der wertvollsten Teile dieses Buches! Hier stellen wir zahlreiche Checklisten und Tabellen zum Nachschlagen bereit, die für die Planung einer Neuseeland-Reise hilfreich bis unverzichtbar sind.

Wir freuen uns sehr, dass unser Ratgeber so viele begeisterte Leser findet. Für die zweite Auflage haben wir im Januar 2016 sämtliche Informationen in diesem Buch überprüft und aktualisiert.

Allen Campervan-Fans und Neuseeland-Reisenden wünschen wir eine tolle Zeit in *„godzone“* – und nicht vergessen: immer schön links fahren!

Jenny Menzel

Einsamer Stellplatz im Tongariro National Park

Teil 1
Das Wohnmobil: ein „Kiwi Essential“

Wenige Dinge sind so typisch für Neuseeland wie die vielen weißen und bunten Campervans – zumindest während des neuseeländischen Sommers sieht man sie allerorten. Tausende große Wohnmobile und kleine Campervans sind in Neuseeland jedes Jahr auf den Straßen unterwegs, ein großer Teil davon mit Touristen aus Europa und Amerika. Kein Wunder, bieten sich die beiden Inseln am Ende der Welt doch geradezu idealtypisch für einen Roadtrip auf den eigenen vier Rädern an.

Die Straßen sind gut ausgebaut, aber trotzdem noch eng genug, dass man sie mit einem langsamen Gefährt gemütlich bereisen und jederzeit anhalten und rasten kann – kein Vergleich zu den Hochgeschwindigkeitsautobahnen in Europa, wo man mit Wohnmobil als Verkehrshindernis gilt und seinen Stellplatz auf vermüllten Rastplätzen suchen muss. Die gesamte Infrastruktur ist auf Reisende in Wohnmobilen ausgerichtet, so dass auch Unerfahrene schnell mit dem ungewohnten Wohnmobil und dem Linksverkehr zurechtkommen. Treibstoff ist im Vergleich zu Europa herrlich günstig. Parken, Tanken und Brauchwasser ablassen sind unkompliziert fast überall möglich und Hilfe bekommt man von jedem Passanten.

Außerhalb der großen Städte hat man in Neuseeland außerdem fast keine andere Möglichkeit, von A nach B zu gelangen, wenn man nicht selbst motorisiert ist. Der Zug deckt nur einige wenige Strecken ab und dient eher zum Panorama-Genießen auf einem Tagestrip, private Reisebuslinien werden eher von feierwütigen Rucksacktouristen genutzt.

Auf einer Fläche von 270 000 Quadratkilometern leben in Aotearoa gerade einmal 4,4 Millionen Einwohner – da ist viel Platz für unberührte Natur. Mit einem Wohnmobil gelangt man bequem auch in die entlegeneren, oft menschenleeren Winkel dieses weltabgeschiedenen Landes; man ist unabhängig von Fahrplänen und Hotelbuchungen, man kann flexibel auf Wetterwechsel und spontane Ideen reagieren und schläft gleichzeitig viel bequemer als in einem Zelt.

Das fahrbare Zuhause spart außerdem lästiges Aus- und Einpacken und erlaubt jederzeit eine Pause am Straßenrand mit frisch gebrühtem Kaffee aus der eigenen Küche (ganz zu schweigen vom Luxus einer eigenen Toilette ...). Und für ihre herrlichen Aussichten sind die Straßenränder von Neuseeland unter Reisenden berühmt!

Anhalten am Wegrand ist im Wohnmobil immer möglich

1. Routenplanung

Gravel Road am im Mount-Cook-Massiv

1. Routenplanung

Die meisten Reisenden planen ihre Route durch Neuseeland so, als wollten sie das Land nie wieder besuchen – irgendwie auch verständlich: Die Anreise ist so lang und teuer, dass man vorsichtshalber davon ausgeht, so etwas nur einmal im Leben zu machen. Tatsächlich sieht es dann meist anders aus – nahezu alle Neuseeland-Besucher wollen unbedingt wiederkommen!

Ein guter Rat also vorweg: Wer nur drei oder vier Wochen Zeit hat, der sollte nicht versuchen, „ganz" Neuseeland zu bereisen. Das unvorhersehbare Wetter in Neuseeland ist tödlich für eng gestrickte Zeitpläne ohne Flexibilität, und selbst wenn man jeden Tag fünf Stunden lang nur fährt und jedes Ziel nur für eine Nacht besucht, endet das in einer sehr stressigen Reise, bei der man das wahre Neuseeland sowieso nicht sehen wird.

Info

Vom nördlichsten Punkt der Nordinsel, Cape Reinga, bis nach Invercargill, der südlichsten Stadt der Südinsel, sind es „nur" 1600 Kilometer, an ihrer breitesten Stelle ist die Nordinsel nur 250 Kilometer breit. Die Küstenlinie erstreckt sich aber über ganze 15 000 Kilometer!

Neuseeland ist nicht viel größer als Italien und streckenweise sehr dünn besiedelt, aber auch auf den abgelegeneren Highways kann man mit einem Wohnmobil nicht schneller als 100 km/h fahren. Die Durchschnittsgeschwindigkeit wird maximal bei 70 km/h liegen, da man andere Verkehrsteilnehmer, Baustellen, kurvige Straßenabschnitte und viele Fotostopps einkalkulieren muss. Zudem liegt nicht jedes Ziel direkt am Highway.

Einsamer Highway zum Tasman Glacier

Beim Planen der Route hilft ein Entfernungsrechner, den man im Internet findet (z. B. auf der Website des Automobilclubs NZAA). Dabei sollte man für entspanntes Reisen die Tagesetappen mit nicht mehr als 150 bis 200 Kilometern einplanen; nur ausnahmsweise können auch einmal 400 Tageskilometer gefahren werden.

Rest areas – nicht verpassen

Eines der schönsten Dinge an Neuseelands Straßen sind die Rastplätze – auf neuseeländisch *rest areas*, aber oft auch beschildert mit *scenic lookout*. Denn zu sehen gibt es an den allermeisten Rastplätzen etwas: von grandiosen Bergpanoramen über sanfte grüne Hügel bis zu atemberaubenden Stränden, fast immer mit einer pieksauberen Toilette und einer praktischen Picknickbank.

Neuseelands Straßennetz ist übersättigt mit Rastplätzen, fast alle sind empfehlenswert, sauber und – leer. Die Gelegenheit ist ideal für kurze Fotostopps oder lange Kaffeepausen; wenn ein Schild das erlaubt, kann man in einem *self contained campervan* (also mit einer Toilette an Bord) auch gleich hier übernachten (siehe Kapitel 8). Einzige Bedingung: Die Rastplätze sollten so verlassen werden, wie man sie selbst gern vorfinden würde.

Nur wer viel Zeit mitbringt, sollte versuchen, beide Inseln komplett abzufahren. Als Basisroute bietet sich entweder die Umrundung der Küsten an, mit einigen Abstechern ins Inland, oder aber man zieht eine langgestreckte Acht und fährt dabei zweimal quer über die jeweilige Insel.

Nicht vergessen: Zur täglichen Fahrtstrecke kommen noch die täglich anfallenden „Pflichten" wie essen (plus die Zeit für Zubereitung und Erwerb der Zutaten!), Campingplatz suchen, tanken, Wasser nachfüllen und Schmutzwasser ablassen, geschweige denn die nötige Erholung in Form von Schlaf. Da bleibt nicht viel Zeit für Wandern und Sightseeing übrig …

Auf alle anderen Besucher warten trotzdem tolle Erlebnisse! Neuseelands schönste Flecken sind zum Glück recht gleichmäßig über das Land verteilt. Es lässt sich kaum eine Gegend nennen, die keine wunderschönen Landstriche, tollen Wanderwege und beeindruckenden Naturschauspiele bieten würde. In jedem Teil des Landes kann man eine herrliche Zeit verbringen und faszinierende, freundliche Menschen kennenlernen.

Zeit sparen mit Gabelflug

Doppelte Fahrzeit spart man, indem man in einer Stadt (z. B. Auckland) ankommt und in einer anderen (Christchurch) wieder abfliegt. Der „Oneway"-Aufschlag von etwa 250 NZD für das Miet-Wohnmobil verrechnet sich locker mit den halbierten Tankkosten und der Ersparnis einer zusätzlichen Überfahrt mit der Fähre (ca. 300 NZD).

1.1 Die „Klassiker"

Die meisten Neuseeland-Reisenden wollen trotz knappen Zeitplans beide Inseln besuchen. Da die Südinsel als die landschaftlich schönere gilt, reservieren viele den Großteil ihrer Reisezeit für diese Insel. Über den Daumen gepeilt, finden sich daher auf der Südinsel doppelt so viele Touristen wie auf der Nordinsel – und die sieht man auch noch ständig wieder, weil man wahrscheinlich derselben Reiseroute folgt!

Die „klassische" Reiseroute über die Nordinsel
(zusätzliche Abstecher kursiv)
Auckland – Waipoua Kauri Forest – (*Cape Reinga*) – Bay of Islands – Auckland – (*Coromandel Peninsula – Bay of Plenty – East Cape – Hawke's Bay –*) Wellington – (*Taranaki –*) Tongariro National Park – Taupo – Rotorua – Auckland

Die „klassische" Reiseroute über die Südinsel
Picton – Kaikoura – Christchurch – Arthur's Pass – Greymouth – Wanaka – Queenstown – (*Te Anau/Milford Sound – Catlins – Dunedin –*) Lake Tekapo – Christchurch – Hanmer Springs – Nelson/Abel Tasman – Picton

Karten siehe S. 16/17

Auf der Nordinsel fahren viele in den wenigen verbleibenden Reisetagen nur noch die wichtigsten „Hotspots" ab. Hier ist das Gedränge dann entsprechend groß, während der Rest der Nordinsel überraschend wenige Besucher sieht.

Wer das weiß und außerdem Acht gibt, die Nordinsel nicht während der drei Sommerferienwochen zwischen Ende Dezember und Mitte Januar zu besu-

Abgeschiedene Otago Peninsula bei Dunedin

chen, der kann hier die Abgeschiedenheit finden, die man eigentlich eher der dünner besiedelten Südinsel zuschreibt. Dort lebt nur ein Drittel der neuseeländischen Bevölkerung und der „Boom“ in den Sommerferien bleibt weitgehend aus (Ausnahmen sind die Tourismuszentren Milford Sound, Queenstown und Abel Tasman National Park). In den Sommerferien kann es auf der Nordinsel tatsächlich schwierig werden, mit dem Campervan zu reisen – einfach, weil dann nahezu alle Kiwis campen gehen und Campingplätze und Strände zum Bersten gefüllt sind.

Highlights in Neuseeland

- Segel- oder Bootstouren: Auckland, Bay of Islands (Nordinsel), Marlborough Sounds, Banks Peninsula, Milford Sound (Südinsel)
- Schwimmen mit Delfinen, Wale und Robben beobachten: Kaikoura, Abel Tasman National Park, Milford Sound, Banks Peninsula (Südinsel), Bay of Islands, Bay of Plenty (Nordinsel)
- Pinguine beobachten: Oamaru, Catlins, Doubtful Sound (Südinsel)
- Der längste Strand Neuseelands: 90 Mile Beach (Nordinsel)
- Die ältesten und größten Bäume Neuseelands: Waipoua Kauri Forest (Nordinsel)
- Heiße Schwefelquellen: Hot Water Beach (Hahei, Coromandel Peninsula, Te Puia Hot Springs, Kawhia, Rotorua, Nordinsel), Hanmer Springs (Südinsel)
- Höhlen: Waitomo Glowworm Caves (Nordinsel), Te Anau (Südinsel)
- Hobbit und Herr der Ringe: „Hobbiton Movie Set" (Matamata) und „Weta Cave" (Wellington, Nordinsel)
- Thermalgebiete: „Whakarewarewa Thermal Valley", „Waiotapu Thermal Wonderland", „Hell's Gate", „Waimangu Thermal Valley" und viele mehr (rund um Rotorua, Nordinsel)
- Maori-Kultur: rund um Rotorua
- Vulkane: Tongariro National Park, Taranaki , White Island (Nordinsel)
- Gletschertouren und -rundflüge: Franz Josef Glacier/Fox Glacier (West Coast), Mount Cook (Südinsel)

Achtung: Besonders auf der Nordinsel und generell in der Hochsaison zwischen Ende Dezember und Anfang Januar hat man rund um diese „Highlights“ immer viel Gesellschaft. Städte wie Queenstown stehen inzwischen fest auf der Agenda des internationalen Massentourismus, was nicht alle Neuseeland-Reisenden begrüßen.

Zum Glück finden sich in Neuseeland überall ruhige und abgeschiedene Pfade, auf denen man fast allein ist – man muss nur auf eine der vielen *gravel roads* abbiegen!

Die „klassische" Reiseroute
über die Nordinsel
Cape Reinga
Kaitaia
Russell
NORTHLAND
Waipoua
Forest
Dargaville
Waipu
Wellsford
AUCKLAND
Coromandel
Whitianga
Auckland
Thames
Tauranga
East Cape
Hamilton
WAIKATO
Rotorua
BAY
OF
PLENTY
Waitomo Caves
GISBORNE
Gisborne
Taupo
Taumarunui
New Plymouth
Taranaki
HAWKE'S BAY
Ohakune
Opunake
TARANAKI
Napier
Hawera
MANAWATU/
WHANGANUI
Hastings
Wanganui
WELLINGTON
Masterton
Martinborough
Picton
Wellington
100 km

Die „klassische" Reiseroute
über die Südinsel
Golden Bay
Motueka
NELSON
Picton
Blenheim
TASMAN
MARLBOROUGH
Kaikoura
Greymouth
WEST
COAST
Kumara
Hanmer Springs
Arthur's Pass
Waipara
Springfield
Windwhistle
Christchurch
CARTERBURY
Haast
Lake Tekapo
Ashburton
Timaru
Wanaka
Omarama
Milford Sound
Queenstown
Te Anau
OTAGO
SOUTHLAND
Dunedin
Riverton
Invercargill
Catlins
100 km

1.2 Die schönsten Wohnmobil-Routen in Neuseeland

Neuseeland, da sind sich alle einig, lässt sich am besten mit den eigenen vier Rädern erkunden. Und das Beste: Nicht nur die Naturwunder und Attraktionen an sich sind sehenswert – auch der Weg dorthin ist oft bereits atemberaubend schön. Kein Wunder, dass die Straßen Neuseelands in der Hochsaison gesäumt sind mit Wohnmobilen, die „nur mal eben schnell für ein Foto" angehalten haben – wahrscheinlich zum zigsten Mal an diesem Tag.

Highway mit Kiwi-Hinweisschild im Tongariro National Park

Hier sind zehn der schönsten und imposantesten Strecken des Landes, die man nach Möglichkeit in die Routenplanung einbeziehen sollte. Einige sind gut ausgebaute Highways, andere nur *gravel roads*, die mehr fahrerisches Können verlangen; alle bieten atemberaubende Ausblicke. Jedem, der schon durch Neuseeland gefahren ist, fallen sofort mindestens zehn weitere Kandidaten ein; dies ist nur eine kleine und sehr beliebige Auswahl aus einer riesigen Zahl wunderschöner Straßen.

- die Whanganui River Road zwischen Wanganui und Raetihi (nicht den State Highway 4 nehmen!), etwa 100 Kilometer

- die Strecke zwischen Whakatane und Gisborne rund um das East Cape (etwa 330 Kilometer)

- die Desert Road, ein Abschnitt des SH 1 um die östliche Seite des Tongariro-Massivs herum durch die Rangiora-Wüste (etwa 50 Kilometer)
- der Queen Charlotte Scenic Drive zwischen Picton und Havelock, etwa 35 Kilometer
- der Küstenabschnitt des SH 1 zwischen Picton und Kaikoura, etwa 80 Kilometer
- die Strecke zwischen Queenstown und Paradise, etwa 45 Kilometer
- die Strecke von Westport nach Greymouth (von „Condé Nast" zum zweitschönsten Roadtrip der Welt erklärt), etwa 100 Kilometer
- die Crown Range Route von Queenstown nach Wanaka (Neuseelands höchstgelegener Highway), etwa 70 Kilometer (möglichst nicht den SH 6 nehmen!)
- die Strecke von Lake Tekapo nach Lake Pukaki (und weiter zum Mount Cook), etwa 55 bzw. 105 Kilometer
- die Milford Road (eine 120 Kilometer lange Einbahnstraße am südlichen Ende der Südinsel)

Rundfahrten im Uhrzeigersinn planen!
Da man in Neuseeland auf der linken Seite fährt, hat man eine wesentlich bessere Aussicht auf den (oft spektakulären) Küstenverlauf, wenn man die Inseln im Uhrzeigersinn umrundet. Auf diese Weise fährt man immer auf der „äußeren" Spur, die dem Meer zugewandt ist.

National Touring Routes

Über beide Inseln verteilt gibt es außerdem zwölf längere *touring routes*, auf denen man die schönsten Gegenden des Landes zuverlässig erreicht. Hier bieten sich nicht nur tolle Aussichten und Panoramen, sondern es gibt auch immer wieder die Gelegenheit zu Abstechern von der Strecke, die zu kleinen und großen Sehenswürdigkeiten führen (siehe Seite 22/23).

Die Routen sind auf den besseren Straßenkarten verzeichnet, braune Straßenschilder mit jeweils eigenen Symbolen weisen auf den Streckenverlauf hin (Achtung, manchmal ist es etwas schwierig, die Route zu finden!). Detaillierte Broschüren zu den einzelnen *touring routes* gibt es in den iSites der Tourismusbüros und zum Download auf den jeweiligen Websites.

Der Forgotten World Highway

National Touring Routes

1. Twin Coast Discovery Highway: etwa 200 Kilometer, Rundfahrt von Auckland durch das Northland bis nach Kaitaia (Nordinsel)

2. Pacific Coast Highway: etwa 1000 Kilometer, von Auckland nach Hastings (Nordinsel)

3. Thermal Explorer Highway: zwei Optionen mit 774 bzw. 446 Kilometern Länge zwischen Auckland und Napier (Nordinsel)

4. Surf Highway 45: etwa 100 Kilometer, von New Plymouth nach Hawera (Nordinsel)

5. Forgotten World Highway: etwa 155 Kilometer, von Stratford nach Taumarunui (Nordinsel)

6. Classic New Zealand Wine Trail: etwa 380 Kilometer, zwischen Napier (Nordinsel) und Blenheim (Südinsel)

7. Top of the South Wine Trail: etwa 360 Kilometer, von Waipara nach Renwick (Südinsel)

8. Alpine Pacific Triangle: etwa 370 Kilometer, Rundfahrt durch Canterbury von Amberley bis Kaikoura (Südinsel)

9. The Great Alpine Highway: etwa 255 Kilometer, von Christchurch nach Kumara (Südinsel)

10. Canterbury Pacific Highway: etwa 400 Kilometer, von Kaikoura nach Waimate (Südinsel)

11. Inland Scenic Route 72: etwa 220 Kilometer, von Amberley nach Geraldine (Südinsel)

12. Southern Scenic Route: etwa 440 Kilometer, von Dunedin zum Milford Sound (Südinsel)

Fähren

Um mit einem Wohnmobil von der Nordinsel auf die Südinsel zu gelangen, gibt es nur eine Möglichkeit: die Überfahrt über die oft stürmische Cook Strait mit der Fähre. Die meisten Reisenden wählen dafür den „Interislander", der die Strecke zwischen Wellington und Picton bis zu neunmal täglich mit drei großen, neuen Schiffen bewältigt.

Weniger häufig und mit kleineren Schiffen fährt die „Blue Bridge Line" dieselbe Strecke. Diese Alternative ist weniger bekannt, da die meisten Reiseveranstalter mit dem „Interislander" zusammenarbeiten und es hier häufig Rabatte und Aktionen gibt. Eine Durchschnittsfamilie mit Durchschnitts-Campervan zahlt hier unter Umständen bis zu 100 NZD weniger.

„Interislander"-Passagiere müssen sich eine Stunde vor dem Start am Aotea Quai einfinden, der drei Kilometer außerhalb von Wellington liegt; Wohnmobilreisende sollten daher früh starten!

Die „Blue Bridge"-Schiffe starten am Quai direkt neben dem Bahnhof in Wellington.

Die Überfahrt dauert je nach Wetterlage ungefähr drei Stunden; in dieser Zeit darf man sich nicht im Wohnmobil aufhalten. Dieses wird im Bauch der Autofähre eingeparkt und muss vor dem Beginn der Überfahrt verlassen werden. Eine kleine Tasche mit allem, was man in den nächsten Stunden braucht, sollte vorsorglich gepackt werden.

Interislander-Fähre

An Bord der Fähren kann man sich die Zeit in Cafés und Restaurants, in einem Spielsalon und mit Fernsehen und Wifi vertreiben; ganz unten im Bauch der Fähren gibt es außerdem einen großen Kinderspielbereich mit Spielgeräten für alle Altersgruppen. Bei schönem Wetter bieten mehrere Decks herrliche Ausblicke auf Wellington und die Marlborough Sounds.

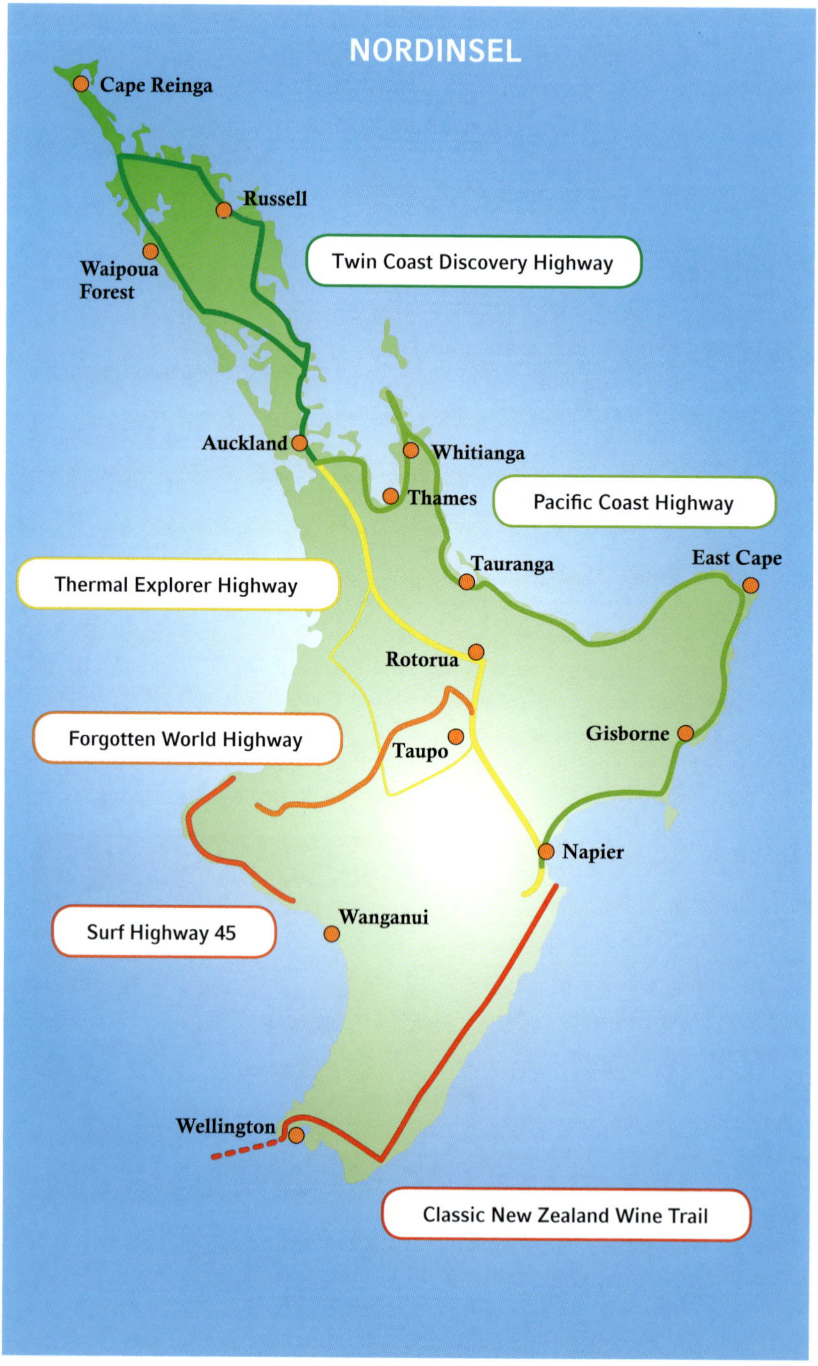
NORDINSEL
Cape Reinga
Russell
Waipoua Forest
Twin Coast Discovery Highway
Auckland
Whitianga
Thames
Pacific Coast Highway
Tauranga
East Cape
Thermal Explorer Highway
Rotorua
Forgotten World Highway
Taupo
Gisborne
Napier
Surf Highway 45
Wanganui
Wellington
Classic New Zealand Wine Trail

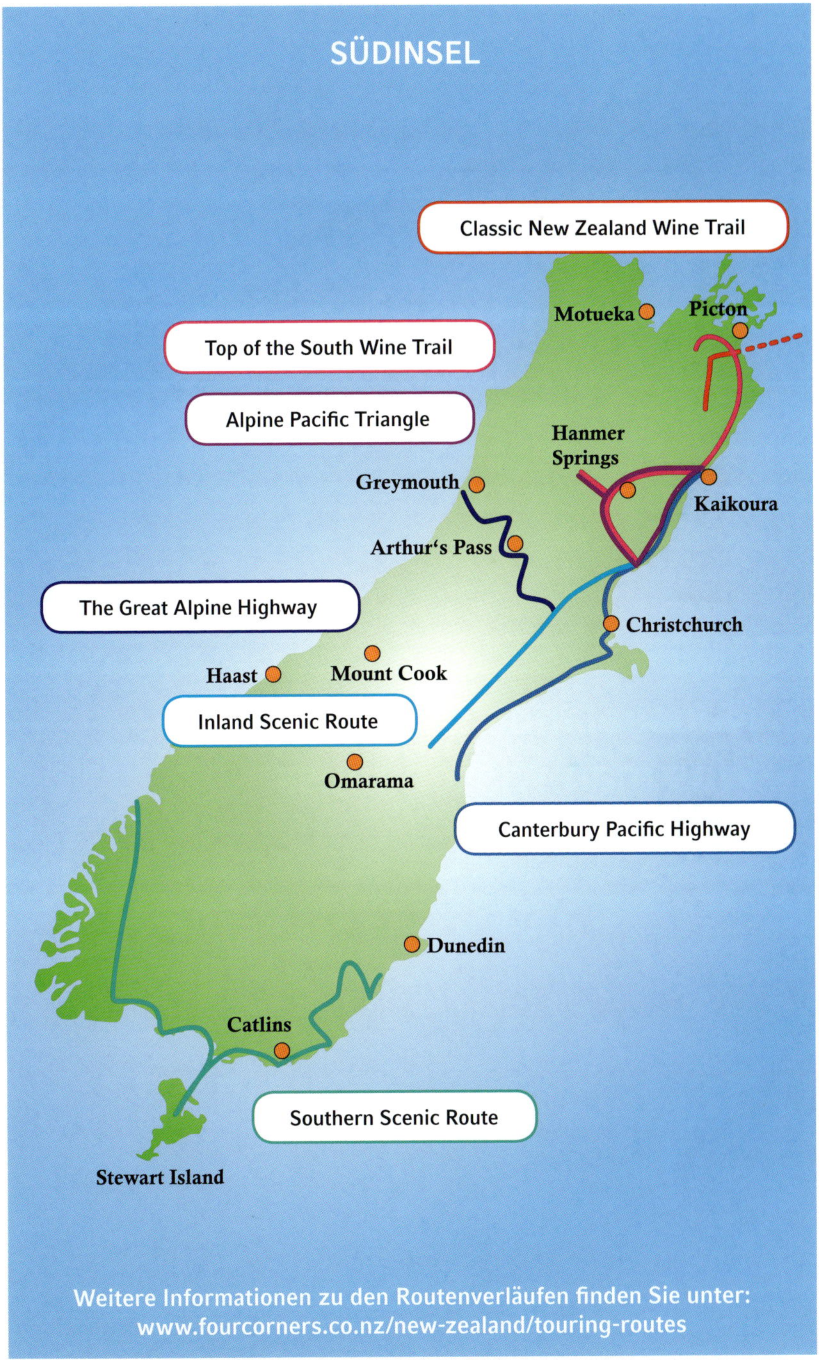

Weitere Informationen zu den Routenverläufen finden Sie unter:
www.fourcorners.co.nz/new-zealand/touring-routes

2. Neuseelands Straßen: Was man wissen muss

Anspruchsvolle Strecke im Mt Aspiring National Park

2. Neuseelands Straßen: Was man wissen muss

Neuseelands Hauptstraßen und Highways sind in der Regel zweispurig und mehrheitlich gut gepflegt. Nur Streckenabschnitte um Auckland, Wellington und Christchurch herum haben mehr als zwei Spuren. Für Wohnmobile sind die größeren Straßen gut navigierbar; es gibt keine engen Gassen oder allzu spitze Kurven, allenfalls in Innenstädten kann man Probleme beim Einparken bekommen.

Damit langsame Fahrzeuge wie Wohnmobile, Lkw und Holztransporter nicht den Verkehr aufhalten, haben viele Highways in regelmäßigen Abständen zusätzliche *passing lanes*, die das geordnete Überholen erlauben. Von den Fahrzeugführern wird erwartet, dass sie bei fehlenden Überholspuren hin und wieder an den Straßenrand fahren oder freie Strecke voraus signalisieren, um ihren Nachfolgern das Überholen zu ermöglichen.

In Neuseeland wird links gefahren. Die **Vorfahrtsregelung** ist dem Linksverkehr entsprechend umgekehrt: links hat Vorfahrt. Wer an Kreuzungen geradeaus fährt, hat immer Vorfahrt vor abbiegenden Fahrzeugen. Achtung: Wollen zwei Fahrzeuge in dieselbe Straße einbiegen, hat seit März 2012 das Fahrzeug Vorfahrt, das den kürzeren Weg über die Kreuzung hat: also der Linksabbieger.

Anders als in Deutschland haben **Fußgänger** nicht automatisch Vorrang vor abbiegenden Fahrzeugen – Vorsicht! Und: Autofahrer halten an Zebrastreifen nur an, wenn sich dort bereits Passanten zum Überqueren der Straße anschicken. Braves Warten ist kontraproduktiv.

Die **Tempolimits** werden in Neuseeland oft und sehr streng kontrolliert: Im Umkreis von Schulen, Kindergärten und Krankenhäusern gilt z. B. schon eine Überschreitung der Höchstgeschwindigkeit um 4 km/h als Delikt. Beim Überholen eines Schulbusses, der gerade Kinder ein- und aussteigen lässt, darf nicht schneller als 20 km/h gefahren werden!

Außerhalb von Ortschaften sind 100 km/h die maximal erlaubte Geschwindigkeit – egal, ob mehrspuriger Highway oder enge Serpentinenstraße. Innerorts gelten 50 km/h.

Straßenbaustellen sind in Neuseeland sehr häufig. Sie werden oft nur mit einem einzigen 30-km/h-Schild angekündigt. Ist eine Spur gesperrt, regelt ein Bauarbeiter oder eine Bauarbeiterin mit einem Stop-/Go-Schild die Vorfahrtsfrage.

Eine weitere neuseeländische Besonderheit ist die **durchgehende gelbe Linie** in der Straßenmitte: Sie bedeutet nicht striktes Überholverbot, sondern sie darf beim Überholen nicht überfahren werden – solange innerhalb derselben Spur Platz zum Überholen ist, darf man das gern tun. Eine **gelb gestrichelte Linie** neben der weiß gestrichelten Linie in der Fahrbahnmitte kündigt die durchgehende gelbe Linie an.

Schilderwald in Auckland

Die gestrichelte Fläche, die sich in der Fahrbahnmitte zwischen den Spuren hinzieht und als permanente Abbiegebucht fungiert, heißt in Neuseeland *flush median*. Das Besondere: Sie darf und soll von abbiegenden Fahrzeugen in beiden Fahrtrichtungen genutzt werden.

Flächen vor **Abbiegebuchten** sind oft mit gestrichelten Linien markiert; das heißt für Autofahrer aber nicht, dass sie nicht befahren werden dürfen (wie in Deutschland). Man soll sie vielmehr befahren, damit der rückwärtige Verkehr nicht aufgehalten wird, wenn man in die Abbiegebucht einfährt.

In größeren neuseeländischen Städten gibt es eigene Spuren für Busse. Die *bus lanes* oder *transit lanes* sind aber meist nur in der Hauptverkehrszeit für Busse reserviert; auf die Beschilderung achten! Wer mit dem Wohnmobil über mehr als 50 Meter auf einer Busspur fährt, muss übrigens ein Bußgeld von 150 NZD zahlen.

Da vergleichsweise wenig Verkehr herrscht, trifft man in Neuseeland fast nur in den größeren Städten auf **Ampeln** (*traffic lights*). Dort hängen sie, wie in den USA, meist hinter dem Kreuzungsbereich. Die Rotphasen sind oft zwei Minuten lang!

Kreisverkehr

Kreisverkehre (*roundabouts*) sind besonders im Umkreis von Ballungszentren verbreitet. Es gibt sie kleiner und größer, ein- und mehrspurig, mit nur drei zuführenden Straßen oder auch mit fünf und mehr. In der Kreismitte ist oft Platz für mehr oder weniger ansehnliche „Kreiselkunst“.

Verkehrsschilder und Fahrbahnmarkierungen

- **Turning traffic give way** – abbiegende Fahrzeuge müssen Vorfahrt gewähren (eventuell mit dem Zusatz „... to pedestrians", das heißt „für Fußgänger")

- **Straight ahead traffic** – über diesem Schild angebrachtes Verkehrsschild gilt für Geradeausverkehr

- **No parking** – Parkverbot

- **Parking permitted** – Parken links von diesem Schild für angegebene Minutenzahl an Werktagen tagsüber („*standard hours*", 8 bis 18 Uhr) erlaubt

- **Advisory speed** – Geschwindigkeitsempfehlung

- **Speed limit ahead** – Geschwindigkeitsbegrenzung folgt

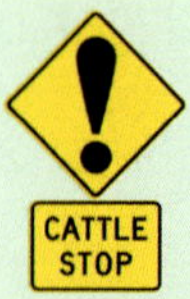

- **Cattle stop** – Warnung vor Viehgittern, die in die Straße eingelassen sind

- **Tunnel ahead** – Tunnel folgt

- **Danger of powerful windgusts** – Gefahr durch starke Windböen

- **Give way at roundabout** – Vorfahrt gewähren bei Einfahrt in Kreisverkehr

- **Bus lane** – Busspur, für andere Fahrzeuge verboten

- **Passing bay / Slow vehicle bay** – Straßeneinbuchtung zum Überholen langsamer Fahrzeuge

- **Heavy vehicle bypass** – Umgehungsstraße für Schwerlastfahrzeuge

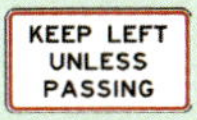

- **Keep left unless passing** – auf der linken Spur halten, wenn nicht überholt wird

- **Narrow bridge** – enge Brücke

- **One lane bridge give way** – einspurige Brücke, eigene Spur hat Vorfahrt

- **One lane bridge row** – einspurige Brücke, Gegenverkehr hat Vorfahrt

- **Flagman ahead** – Straßenarbeiter mit Anweisungen voraus

- **Road closed** – Straßensperrung folgt

- **Road closed** – Straße ab hier gesperrt

Die Regeln für das Befahren von Kreisverkehren sind:

- Der Verkehr, der beim Einfahren bereits im Kreisverkehr ist und also von rechts kommt, hat Vorfahrt.
- Wegen des Linksfahrgebots biegt man natürlich links in sie ein, also im Uhrzeigersinn.
- Beim Ein- und Durchfahren:
  - nicht blinken, wenn man „geradeaus" durchfahren will
  - links blinken, wenn man gleich links wieder hinausfahren will
  - rechts blinken, wenn man eigentlich rechts abbiegen, also den Kreis fast komplett umfahren will
- Beim Ausfahren etwa drei Sekunden vor dem Abbiegen links blinken
- Ist der Kreisverkehr zweispurig, bleibt man auf der äußeren (linken) Spur, es sei denn, man will über den Radius hinaus hindurchfahren (also im Endeffekt rechts abbiegen).
- Beim Spurwechsel hat der Verkehr auf der anderen Spur Vorfahrt.

Achtung

Kreisverkehre sind zwar für den Autoverkehr sicherer und verringern die Zahl (schwerer) Unfälle, aber für Fußgänger und Radfahrer sind sie unter Umständen gefährlicher. Beim Abbiegen mit dem Wohnmobil sollte man immer sehr gut auf Fußgänger und Radfahrer achten!

Einspurige Brücken (*one lane bridges*) machen auf den wenig befahrenen Straßen Neuseelands Sinn – Autos kommen hier so selten vorbei, dass Brücken mit einer Spur auskommen. Eine solche *one lane bridge* wird mit einem Verkehrsschild angekündigt, das auch die Fahrtrichtung des Fahrzeugs mit Vorrang für die Überfahrt festlegt. Auch wenn die eigene Fahrtrichtung den großen schwar-

Einspurige Brücke bei Pelorus Bridge

zen oder weißen Pfeil bekommt, sollte man das Tempo drastisch reduzieren, bevor man auf die Brücke fährt; Kiwis sind für ihr notorisch riskantes Fahrverhalten berüchtigt.

Dieses Schild warnt vor kreuzenden Schafen

Wie im Wilden Westen müssen in Neuseeland auch heute noch Flussläufe ohne Brücken überquert werden; nach Regenfällen können diese **Furt-Durchfahrten** schwierig oder unmöglich werden!

Wenn in ländlichen Gegenden Straßenschilder vor *cattle grids* warnen, sollte man sofort das Tempo drastisch reduzieren – diese in die Fahrbahn eingelassenen Stab-Gitter sollen das Vieh davon abhalten, auf der Straße zu laufen. Fährt ein Wohnmobil mit mehr als 10 km/h über so ein Gitter, droht ein größerer Gebissschaden bei allen Insassen.

Egal, wo man in Neuseeland unterwegs ist (mal abgesehen von Großstädten): Schafen oder Kühen, aber auch wilden Tieren wie Possums, Kaninchen oder Takahes und Pukekos kann man auf der Straße jederzeit begegnen. Warnschilder am Straßenrand weisen auf Gebiete hin, in denen Wildwechsel häufig sind. Hier sollte man besonders nachts sehr aufmerksam und langsam fahren; wer will schon auf seiner Neuseeland-Reise einen Kiwi oder einen Pinguin totfahren!

Eine **Viehherde** benötigt ein Weilchen, bis sie eine Straße überquert hat – oder ein paar hundert Meter auf der Fahrbahn zum nächsten Weideabschnitt gelaufen ist. Steckt man in so einem Vieh-Stau fest, kann man nur am Straßenrand warten – Hindurchdrängeln oder Hupen machen das Vieh nur scheu und bringen die Herde zum Durchgehen, was gefährlich ist und den Farmer sehr verärgern wird.

2.1 Parken und Parkverbote

Je größer das Wohnmobil, desto schwieriger wird es, damit einzuparken; dazu kommt, dass man in den größeren Städten in der Hauptsaison oft nur mit Mühe einen Stellplatz findet. Eine Stunde Parken kostet meist zwischen 2 und 4 NZD, vor großen Attraktionen wie dem Te Papa Museum in Wellington kann es noch teurer sein. Die einzige Lösung: wenn möglich, zu Fuß oder mit öffentlichen Verkehrsmitteln in die Innenstädte von Auckland, Wellington oder Christchurch vordringen.

Parkverbot gilt generell an Bushaltestellen, eine gestrichelte gelbe Linie am Straßenrand zeigt Halteverbot an. Ein gelber Kreis um einen Punkt zeigt einen Hydranten an; hier darf ebenfalls nicht geparkt werden.

2.2 Neuseeländische Spezialität: „gravel roads"

Besonders auf der dünn besiedelten Südinsel finden sich sogenannte *gravel roads*: Sie sind nicht asphaltiert, sondern mit Splitt oder allenfalls *chip seal* bedeckt. Auf den Straßenkarten sind *gravel roads* in der Regel nicht gesondert markiert; dünne oder gar gestrichelte Linien sind aber ein sicherer Hinweis darauf, dass eine Straße vorsichtig befahren werden sollte.

Gravel roads benötigen paradoxerweise eine aufwendigere Pflege als Asphaltstraßen; den stark schwankenden Temperaturen, dem vielen Regen und dem niedrigen Verkehrsaufkommen in vielen Teilen Neuseelands sind Asphaltstraßen langfristig nicht gewachsen. Das Problem: Der Regen und die Autos schwemmen den leichteren Belag schnell weg oder drücken ihn zu fiesen Spurrinnen zusammen. Unter Umständen entstehen dabei auch Querrillen in der Fahrbahn; dieses *washboarding* führt dazu, dass sich die Straßen nur noch sehr langsam (oder mit herausgenommenem Gebiss) befahren lassen.

Fahren auf gravel roads verlangt Umsicht und Geduld!

- Die erlaubte Höchstgeschwindigkeit mag bei 100 km/h liegen, aber mehr als 30 km/h sind in der Regel gar nicht möglich.
- Ist die Fahrbahn trocken, wird enorm viel Staub aufgewirbelt; hat man einen Vorfahrer, kann die Sicht auf mehrere hundert Meter gegen Null gehen.
- Die Fahrbahnränder sind oft schlecht befahrbar, so dass nur in der Fahrbahnmitte gefahren werden kann; entgegenkommende Fahrzeuge zwingen dann zum Anhalten und schleudern den Splitt hoch, was den Lack und die Scheiben beschädigen kann.
- Spurrinnen und Schlaglöcher können das Fahrwerk und den Lack beschädigen und sind auch für die Insassen sehr unangenehm.
- In Kurven und an den steilen Fahrbahnrändern können ungeübte Fahrer und Fahrzeuge mit hohem Schwerpunkt wegrutschen, im schlimmsten Fall kann das Fahrzeug dann umkippen.
- Lose Steinchen schieben sich am Fahrbahnrand so hoch auf, dass Fahrzeuge darin stecken bleiben können.
- Passiert man Straßenbaustellen, bei denen der Belag von *gravel roads* erneuert wird, sollte man danach möglichst schnell sein Fahrzeug waschen, sonst bäckt der verwendete Zement am Fahrwerk fest.

Die Coromandel Peninsula ist "berühmt" für ihre schlechten Straßen

Einige Straßen in Neuseeland sind so schlecht, dass sie schon wieder berühmt sind. Dazu zählt z. B. die schlammige und sehr kurvige 309 Road, die durch dichten Regenwald quer über die Coromandel Peninsula führt. Komplett verboten für Mietwohnmobile und Mietwagen sind in der Regel:

- der Ninety Mile Beach im Northland
- die Ball Hut Road am Mount Cook
- die Skippers Road bei Queenstown
- alle Straßen nördlich von Colville auf der Coromandel Peninsula

Wohnmobil-Vermieter schließen aus diesen Gründen oft den Versicherungsschutz für ihre Fahrzeuge aus, wenn Schäden auf *gravel roads* entstanden sind.

2.3 Gefahren im Straßenverkehr

Neuseeländische Straßen können gerade, breit und langweilig sein, aber auch kurvig, eng und steil. Die Herausforderungen von *gravel roads*, starken Regenfällen und plötzlichen Kälteeinbrüchen (auch im Sommer!) sind nicht zu verachten. Heftige Windböen in Hochlagen oder auf Küstenstraßen können die wenig aerodynamischen Wohnmobile arg ins Wanken bringen. Dazu kommt die Ablenkung durch das ungewohnte Linksfahren, die tollen Aussichten und das Suchen nach der richtigen Abzweigung.

Dass die Zahl der Verkehrsunfälle in Neuseeland wesentlich höher ist als in Deutschland, liegt natürlich nicht nur an den vielen Touristen hinterm Steuer; schuld sind oft schlechte Straßen- und Witterungsverhältnisse und die im

Durchschnitt älteren Fahrzeuge mit niedrigeren Sicherheitsstandards. Auch die mangelhaften Fahrkenntnisse und das aggressive Verhalten vieler neuseeländischer Fahrer sind legendär.

Die gefährlichsten Straßen Neuseelands

Relativ zum Verkehrsaufkommen ist die Gefahr, selbst einen Verkehrsunfall zu haben, auf diesen Highway-Abschnitten am höchsten:

- SH62 von Spring Creek nach Renwick (Marlborough)
- SH37 zu den Waitomo Caves
- SH94 von Te Anau nach Milford
- SH4 von Raetihito nach Wanganui
- SH31 von Kawhia zur SH39
- SH30 von Te Kuiti nach Atiamuri
- SH8 von Alexandra nach Milton
- SH96 von Mataura nach Ohai
- SH1 von Invercargill nach Bluff
- SH11 von Kawakawa nach Puketona

(Quelle: New Zealand Road Assessment Programme (KiwiRAP), Verkehrsdaten von 2002 bis 2007)

Laut Statistik geschehen in Neuseeland jedes Jahr 45 000 Unfälle, an denen Touristen mit Mietwagen oder Campervans beteiligt sind. Kommt es tatsächlich zu einem Unfall, sollte man immer folgende Punkte beachten:

- Wenn jemand verletzt ist, die Fahrzeuge nicht mehr fahrtüchtig sind oder man ein gemietetes Wohnmobil fährt: Polizei rufen (Notruf 111)
- Verletzte versorgen, Unfallstelle sichern
- Fotos von den Unfallfahrzeugen machen
- Daten vom Unfallgegner und von Zeugen aufnehmen: Name und Adresse, Telefonnummer, Registrierungsnummer des Fahrzeugs, Versicherung (eventuell befinden sich entsprechende Vordrucke des Vermieters in den Reiseunterlagen)
- Wenn der Unfallgegner keine Kfz-Versicherung hat: *licence number* des Fahrers, Autobeschreibung, Zeugen mit Kontaktdaten notieren
- Glasbrocken und andere Kleinteile von der Straße räumen
- Niemals an Ort und Stelle eine Schuld anerkennen oder den Schaden selbst regeln
- Wenn der Unfallgegner ein Schuldeingeständnis macht, dies schriftlich bestätigen lassen, am besten vor Zeugen
- So bald wie möglich einen Unfallbericht über den Unfallhergang schreiben
- Wohnmobil-Vermieter und/oder die eigene Reiseversicherung kontaktieren

Hat man ein geparktes Fahrzeug oder einen anderen Gegenstand beschädigt, muss man binnen 48 Stunden dessen Besitzer kontaktieren oder, wenn das nicht möglich ist, binnen 60 Stunden die Polizei.

Autounfall in Newmarket

Verletzungen aller Unfallparteien werden von der staatlichen Unfallversicherung ACC abgedeckt, die alle Behandlungs- und Folgekosten (auch den evtl. nötigen Rückflug!) übernimmt. Im Gegenzug kann der Unfallgegner nicht auf Entschädigung geklagt werden; dies behält sich allenfalls die ACC vor. Werden durch den Unfall zusätzliche Kosten verursacht, etwa für Reiseverlängerung oder Verkürzung, die Rückreise nach Hause, Behandlungskosten zu Hause oder Verdienstausfall, ersetzt die ACC diese jedoch nicht. Hierfür ist eine private Auslandsreisekrankenversicherung dringend zu empfehlen.

Notfall-Rufnummern
0800 224 357 – Rund-um-die-Uhr-Pannenservice des AA
111 – Notrufnummer für Neuseeland

2.4 Bußgelder

Verkehrsdelikte, die mit Bußgeldern bestraft werden, treffen auch Touristen mit nicht-neuseeländischem Führerschein. Besonders, wenn man mit einem gemieteten Fahrzeug unterwegs ist, kann es bei der Rückgabe zu unliebsamen Überraschungen kommen: Die Gemeinden, die das Bußgeld erheben, wenden sich zu dessen Einforderung an den Halter des Fahrzeugs, also den Vermieter. Dieser berechnet unter Umständen einen saftigen Aufschlag für den Aufwand, den er dabei hat. Britz erhebt z. B. für jedes anfallende Knöllchen einen Pauschalbetrag von 60 NZD (Stand: 2011).

Während man es häufig nicht einmal bemerkt, wenn man mit überhöhter Geschwindigkeit geblitzt wurde, kann man wenigstens die Verwaltungsgebühr für **Parktickets** vermeiden: Findet man ein Knöllchen an der Windschutzscheibe, sollte man möglichst umgehend im örtlichen Rathaus oder auf der Polizeistation vorsprechen und die *parking fee* sofort bezahlen, bevor die Gemeinde ihren Bescheid an den Wohnmobil-Verleiher schickt.

Die Bußgeldspanne für Geschwindigkeitsübertretungen reicht von 30 NZD (für weniger als 30 km/h) bis zu 630 NZD (für 45 bis 50 km/h). Für falsches oder unbezahltes Parken werden bis zu 60 NZD fällig, das Überziehen von Parkuhren um 30 Minuten bis zu einer Stunde kostet um die 15 NZD, abhängig von der Gemeinde. Fahren ohne Sicherheitsgurt kostet 150 NZD, ebenso wie das Überfahren einer roten Ampel.

Der **Alkoholkonsum** von Autofahrern scheint in Neuseeland ein ernsthaftes Problem zu sein. Darauf deuten zahlreiche drastische Warnschilder an den Highways hin sowie der Fakt, dass die neuseeländische Polizei jeden Fahrzeugführer anhalten und um einen Atemalkoholtest bitten darf. Der erste Test besteht übrigens daraus, dass man in ein spezielles Messgerät hineinsprechen muss; erst bei Anschlagen dieses Geräts wird „geblasen“.

Fahrer unter 20 Jahren dürfen gar keinen Alkohol trinken, für alle anderen gilt ein recht konservativer Grenzwert von 0,8 Promille Blutalkohol. Bei Überschreitung fallen allerdings Bußgelder bis zu 4500 NZD und/oder drei Monate Gefängnis an; außerdem kann der Führerschein für mindestens sechs Monate entzogen werden – und das gilt nur, wenn man zum ersten Mal erwischt wurde!

2.5 ADAC und AANZ – eine gute Idee

Der neuseeländische Automobilclub AA bietet – ähnlich dem ADAC in Deutschland – einen landesweiten 24-Stunden-Pannendienst. In der Grund-Mitgliedschaft sind Leistungen wie Batterieprüfung und -ersatz, Starthilfe, Schlüsseldienst bei versehentlichem Ausschließen aus dem Fahrzeug, behelfsmäßiger Wechsel von Seitenscheiben und Reifenwechsel enthalten; hat man das Tanken vergessen, bringt der AA neuen Treibstoff vorbei. Bis zu sechsmal pro Jahr können Mitglieder diese Leistungen kostenlos in Anspruch nehmen.

Der AA im Einsatz

Nicht-Neuseeländer können dem AA nicht beitreten. Wer aber Mitglied im deutschen ADAC ist, der gilt über das internationale Netzwerk FIA *(Fédération Internationale de l'Automobile)* für maximal sechs Monate automatisch als Standard-Mitglied des AA in Neuseeland. Als solches erhält man Hilfe vom AA-Pannendienst, nimmt am *Smartfuel*-Bonusprogramm teil und bekommt zudem auch noch kostenlose Straßenkarten und anderes touristisches Infomaterial.

Wer die ADAC-Mitgliedschaft nutzen will, sollte sie direkt nach Ankunft in Neuseeland in einem *AA Centre* anerkennen lassen. Dafür muss die ADAC-Mitgliedskarte vorgelegt werden sowie eine Bescheinigung des ADAC, dass die Mitgliedschaft dauerhaft ist. Besitzer von Wohnmobilen sollten sich allerdings erkundigen, ob für ihr Fahrzeug die *Basic Membership* des AA genügt oder ob sie ein Upgrade auf *AA Motorhome Plus* benötigen (Kosten: 75 NZD). Dieses verlangt der AA für Wohnmobile über 3,5 Tonnen oder mit Maßen über 2,44 Meter Breite, 3 Meter Höhe und 7 Meter Länge.

„Richtiger" Verkehr in Auckland

Leistungen des AA

Kostenlose Pannendienst-Rufnummer in Neuseeland: 0800 500 222 oder *222 von einem Funktelefon.
Internet: http://www.aa.co.nz/
Achtung: Der AA-Pannendienst kann nicht bei Unfällen helfen; in diesem Fall sollten beide Fahrer sofort ihre Versicherung kontaktieren.

3. Wie funktioniert ein Wohnmobil?

Mit den kleinen und wendigen Kastenwagen-Modellen kommt man fast überall hin

3. Wie funktioniert ein Wohnmobil?

Was ist überhaupt ein Wohnmobil? Was in Deutschland einfach zu beantworten ist, braucht in Neuseeland schon eine Differenzierung. Oft werden die Begriffe „Motorhome“ und „Campervan“ gleichwertig gebraucht; ein Campervan ist aber tendenziell eher ein kleineres Gefährt, das zwar ebenfalls voll ausgestattet für das Leben *on the road* ist, aber auf einem niedrigeren Niveau. So gibt es oft keine Trennung zwischen Fahrerkabine und Wohnbereich, und der Wohnbereich selbst bietet zwar Koch-, Schlaf- und Waschmöglichkeiten, aber keine Trennwände dazwischen. Der Schlafbereich fungiert tagsüber als Wohnzimmer oder er wird abends mit behelfsmäßigen Erweiterungen auf einer zweiten Ebene eingerichtet.

Wohnmobile können nach ihrer Konstruktion grundsätzlich in zwei Gruppen unterteilt werden:

Kastenwagen sind nichts anderes als umgebaute Lieferwagen auf der Basis eines Mercedes Sprinter; viele dieser Fahrzeuge in Neuseeland sind aber Toyotas oder Fiats. Diese kleineren Wohnmobile sind meist gemeint, wenn Neuseeländer „Campervan“ sagen.

Ihre **Vorteile**: Sie sind günstiger, wendiger, treibstoffsparender und gelten verkehrsrechtlich als Autos – die Basis-ADAC-Mitgliedschaft genügt hier also für den Pannendienst, und man darf auf den Highways ganz normal 100 km/h mit ihnen fahren. Auch die Fähr-Überfahrt ist mit den kürzeren Gefährten günstiger.

Die **Nachteile**: Es ist Platz für höchstens drei Erwachsene oder zwei Eltern und ein bis zwei Kinder. Für Toilette und Bad ist kein Platz, die Betten müssen jeden Abend neu aufgebaut werden, weil sie tagsüber als Tisch fungieren, und es steht generell wenig Platz und Stauraum zur Verfügung. Für Familien mit kleinen Kindern, die das Bett auch zwischendurch mal schnell für ein Mittagsschläfchen brauchen, sind diese Campervans eher unpraktisch.

Kleiner Kastenwagen-„Campervan“ von Wicked

Das Fehlen der Toilette ist wiederum schlecht, wenn man Freedom Camping machen will (siehe Kapitel 8). Da die Wohnkabine nicht isoliert ist, kann es im

Frühjahr und Herbst empfindlich kalt werden – Wintercamping (siehe Kapitel 3.6) verbietet sich sowieso.

Bequemes Alkoven-Wohnmobil

Alkoven-Mobile sind speziell gebaute Wohnmobile mit abgetrennter Wohnkabine. Geschlafen wird in einem Alkoven über der Fahrerkabine und in längs oder quer eingebauten Stockbetten.

Vorteile: Es ist genug Platz für bis zu sieben Personen und viel Stauraum für längere Reisen. Auch sperriges Zusatzgepäck wie Fahrräder, Boote oder Surfbretter lassen sich einfach transportieren. Die Toilette und die Dusche (mitunter auch eine Warmwasserversorgung) machen sich super, wenn man oft außerhalb von Campingplätzen übernachtet. Campingneulinge oder ältere Semester freuen sich über mehr Bequemlichkeit wie Kopffreiheit, breitere Betten, eine gemütliche, feste Sitzecke und den DVD-Player. Air Condition im Innenraum oder eine Standheizung machen den Urlaub vollkommen wetterunabhängig (und es ist mehr Platz, um nasse Regensachen zu trocknen).

Nachteile: Man ist wirklich mit einem rollenden Haus unterwegs, was für Fahranfänger eine Herausforderung sein kann; *gravel roads* oder enge Zufahrten zu abgelegenen Plätzen sind mitunter nicht passierbar. Der Mietpreis und der Treibstoffverbrauch sind wesentlich höher, es dauert länger, einen Parkplatz zu finden (oder man kommt überhaupt nicht in die Tiefgarage hinein) und mit einem Gesamtgewicht von über 3,5 Tonnen darf man in Neuseeland maximal 90 km/h fahren – wenn man den Führerschein vor 1999 gemacht hat!

Generell sollte nicht aus Kostengründen ein zu kleines Wohnmobil gebucht oder gekauft werden – will man mehrere Wochen darin verbringen, braucht jeder ein Mindestmaß an Platz und die Möglichkeit, sich zwischendurch zurückzuziehen. Reist man in einer Gruppe von sechs Personen, machen zwei kleinere Wohnmobile mehr Sinn als ein *6-berth*-Mobil. Besonders, wenn man mit Kindern reist (siehe Kapitel 10), rettet ein wenig mehr Platz die Urlaubsstimmung.

Eine Alternative kann es sein, statt eines großen Wohnmobils hin und wieder in einem Motel oder einer geräumigen *cabin* auf dem Campingplatz zu übernachten.

3.1 Wohnmobil-Ausstattung

Mangels einer eigenen Industrie importieren die Neuseeländer Miet-Wohnmobile und -Campervans neu und gebraucht aus aller Herren Länder; manche werden nachträglich zu Wohnmobilen umgerüstet, andere werden direkt als fertige Wohnmobile gekauft. Die wichtigsten Marken sind Toyota, Mitsubishi, Fiat, Isuzu, VW, Ford und Mercedes; einige Vermieter beziehen auch Fahrzeuge aus eigener Produktion.

Zur „untersten" Kategorie von neuseeländischen Campervans gehören einfache japanische oder europäische **Kleinbus-Modelle (vans)**, die im Prinzip nicht viel mehr als Minibusse mit ausgebauten Sitzreihen sind. In der Fahrerkabine ist Platz für bis zu drei Erwachsene, von denen einer allerdings auf dem mittleren Notsitz Platz nehmen muss, wo in der Regel nur ein Beckengurt zur Sicherung vorhanden ist (daher oft die Bezeichnung „2+1").

Die gebräuchlichsten Kategorien für Miet-Wohnmobile:
„2 berth (keine Dusche/Toilette)"
„2+1 berth (eventuell Hitop, keine Dusche/Toilette)"
„2 berth + Dusche/Toilette"
„4 berth + Dusche/Toilette"
„6 berth + Dusche/Toilette"

In den Passagierraum eines Kleinbus-Modells sind im Regelfall einige Schränke und ein Doppelbett in Breite des Wagens eingebaut, das sich unter Umständen zu einer Tisch-Bänke-Kombination umbauen lässt. Eine Kochgelegenheit (in der untersten Preisstufe ist dies meist nur eine tragbare Kochplatte mit LPG-Gasbetrieb) und eine Kühlbox stellen die Versorgung sicher, auf Stromversorgung unabhängig von der Autobatterie und auf fließendes Wasser müssen Van-Fahrer verzichten.

Diese *basic vans* stehen häufig gebraucht zum Verkauf, sind zur Miete fast so günstig wie ein Auto und einfacher zu fahren als die großen Kastenwagen und Alkoven-Mobile. Auf Campingplätzen brauchen sie keinen Stromanschluss (weil sie keinen haben) und auf der Fähre zwischen Nord- und Südinsel werden sie unter Umständen als günstigere Pkw eingestuft.

Meist sind die vermieteten Vans allerdings schon älter und die Innenausstattung bietet wirklich nur wenig mehr Komfort als ein Zelt. Wegen der beschränkten Sitzmöglichkeiten kommen solche Vans am ehesten für budgetbewusste Paare oder allenfalls für junge Familien mit Baby in Frage.

Ein „2+2 berth Hitop" von innen (nicht aufgeräumt, das obere Bett ist zusammengeschoben)

Die „mittlere Klasse" sind die klassischen großen **Kastenwagen und Hochdachkombis (Campervans)**, meist von Marken wie Toyota, Fiat oder auch Mercedes. Der Clou hier: Auf ein normales Lieferwagen-Chassis wird eine zweite Ebene aufgesetzt, die die Fahrerkabine überragt und in der ein zusätzlicher Schlafplatz geschaffen wird (bei Modellen mit Aufstelldach wird die Ebene erst zum Schlafen nach oben ausgeklappt).

An Mindestausstattung kann man hier bereits einen fest eingebauten Gasherd (mit zwei bis drei Platten), einen Kühlschrank, Elektrizität aus einer externen Batterie, Betten mit Bettzeug für jeden angemeldeten Mitreisenden, Geschirr und eine Küchenausstattung erwarten. Eine Toilette und eine Duschkabine finden sich in einigen größeren Modellen für vier Personen.

Diese Modelle bieten wesentlich mehr Platz und Komfort, sind aber immer noch vergleichsweise klein und wendig und verbrauchen weniger Kraftstoff. Ist der Innenraum groß genug, können auch noch zwei Passagiere angeschnallt auf der Rückbank sitzen, die sich nachts in ein großes Doppelbett verwandelt. Auf Campingplätzen kann man die Kastenwagen über ein Kabel an eine Stromquelle anschließen, dann werden alle elektrischen Geräte an Bord extern versorgt. Die ins Fahrzeug integrierte unabhängige Batterie lädt sich beim Fahren aber ebenfalls wieder auf, so dass man nicht durchgehend auf Stromversorgung angewiesen ist.

Diese Mittelklassen-Variante empfiehlt sich für bis zu vierköpfige Familien und budgetbewusste Reisende, die aber ein wenig Komfort wünschen.

Die Luxus-Klasse sind die typischen **Wohnmobile mit Alkoven**-Beule über der Fahrerkabine (*motorhomes*). Im Gegensatz zu den Campingbussen ist ihr Innenraum permanent zum Wohnen eingerichtet und muss nicht für die Nacht umgebaut werden: Es gibt einen Küchenbereich, einen Wohn- und einen Schlafbereich, dazu natürlich eine Bordtoilette und eine Dusche. Die Ausstattungsskala ist mit Mikrowelle, Standheizung, Klimaanlage, Fernseher, DVD-Player und GPS-Navigationsgerät nach oben offen.

Alkoven-Wohnmobile bieten je nach Größe Platz für vier bis sechs Personen, in einige Modelle passen sogar sieben Personen. Auch die größten neuseeländischen Wohnmobile kommen aber nicht an die auf Lkw-Fahrgestellen basierenden „fahrenden Schiffe“ in den USA heran.

In den Alkoven-Wohnmobilen genießt man viel Bewegungsfreiheit und Stauraum, was diese Modelle besonders für Familien eignet. Da die Fahrerkabine vom Wohnraum getrennt ist, kann dieser wärmegedämmt werden, was im Winter sehr nützlich ist. Die Größe dieser Fahrzeuge führt allerdings dazu, dass sie viel Kraftstoff verbrauchen und eher schwerfällig zu steuern sind – nichts für Neulinge!

3.2 Tanken, Dumping und andere spezielle Fragen

An den meisten Tankstellen in Neuseeland wird man sich exakt wie in Europa fühlen; es gibt mehrere Tanksäulen zur Selbstbedienung, oft sogar zum Selbstbezahlen an einem Terminal. Viele Tankstellen sind rund um die Uhr geöffnet und verkaufen Waren des täglichen Bedarfs. Nur in kleineren Orten trifft man vielleicht noch auf einen Tankwart der „alten Schule“ und nur noch selten sind Tankstellen direkt mit einer Werkstatt verbunden.

Ist man in entlegeneren Gebieten wie den Catlins auf der Südinsel oder dem East Cape auf der Nordinsel unterwegs, sollte man bei jeder Möglichkeit volltanken und auch beim letzten großen Supermarkt noch einmal einkaufen. An Tankstellen können auch Reifen aufgepumpt werden; meist ist die Benutzung der Luftpumpen kostenlos. Der korrekte Reifendruck eines Fahrzeugs findet sich in der Bedienungsanleitung und sollte unbedingt eingehalten werden! Sparen kann man beim Tanken mit verschiedenen Bonussystemen. Mit der kostenlosen *Smartfuel Card* sammelt man beim

Schmutzwasser ablassen an einer „dump station“

Einkaufen Punkte und kann diese an Caltex- und BP-Tankstellen als Rabatt auf Tankfüllungen bis 50 Liter verbuchen lassen. Die *Smartfuel Card* gibt es an den Tankstellen oder in *AA Centres* im ganzen Land. Wer keine Karte hat, findet auf der Rückseite von Supermarkt-Kassenzetteln oft Tankgutscheine (bis zu 10 Cent pro Liter!).

An vielen Tankstellen kann man die Gasflaschen auffüllen lassen, mit denen der Herd und manchmal der Kühlschrank von Wohnmobilen betrieben wird. LPG, ein Gemisch aus Propan und Butan, ist als Energiequelle in Neuseeland sehr gebräuchlich, entsprechend normal ist das Auffüllen und Austauschen von Gasflaschen. Fahrer von Mietfahrzeugen werden in der Regel gebeten, ihre LPG-Flasche NICHT zu tauschen, sondern sie auffüllen zu lassen.

Die Gasflasche (manchmal sind es auch zwei) ist meistens so im Wohnmobil gelagert, dass man sie von außen durch eine Klappe erreichen und entnehmen kann. Will man den Herd nutzen, muss man den Hahn oben an der Flasche aufdrehen (die Richtung ist markiert; trotzdem gut merken und immer prüfen, ob nach dem Kochen bis zum Anschlag zugedreht wurde!). Je nach Größe der Gasflasche und Intensität ihrer Nutzung (zum Kochen, zum Aufheizen des Warmwassers, zum Wärmen der Innenkabine) hält eine Füllung zwischen fünf Tagen und zwei Wochen.

Ein wichtiges und fast tägliches Problem von Wohnmobilreisenden ist die Frage der Entleerung des Schmutzwassertanks und der Chemietoilette. Es ist strengstens verboten, diese Abwässer in der freien Natur oder in den Rinnstein zu entsorgen! Ein Netz von über 600 *dump stations* sorgt dafür, dass kein Campervan-Fahrer lange mit seiner stinkenden Fracht unterwegs sein muss; meist ist die Benutzung dieser Abflusslöcher mit Wasseranschluss kostenlos, manchmal muss man eine kleine Gebühr dafür zahlen, wenn man den Frischwasserbehälter gleich wieder auffüllen will.

Wer regelmäßig Campingplätze aufsucht, wird hier fast immer kostenlos eine *dump station* nutzen können (mit Ausnahme der meisten DOC-Campsites, die ohne (Ab-)Wasseranschluss in der freien Natur stehen). Will man das nicht tun, sollte man so oft wie möglich öffentliche Toiletten nutzen, muss hin und wieder eine Gebühr für die Entsorgung bezahlen oder seine Route mithilfe von Straßenkarten oder Websites planen, die alle *dump stations* verzeichnen. Der HEMA Road Atlas verzeichnet *dump stations* als blaue Symbole, die auch auf Straßenschildern ausgewiesen sind.

Regelmäßiges Ausleeren des Schmutzwassertanks, mindestens alle drei Tage, ist aus hygienischen Gründen zu empfehlen. Wer keinen unnötigen Ballast in Form von Schmutzwasser (aber auch Frischwasser!) herumfährt, spart außerdem Treibstoff und damit bares Geld. Bei der Rückgabe eines gemieteten Wohnmobils müssen Toilette und Schmutzwassertank ebenfalls leer sein, ansonsten fallen Reinigungsgebühren an.

Dumping – wie geht das?

Das Entsorgen der **Chemietoilette** erfolgt in fünf einfachen Schritten. Generell sollte man dabei immer Wegwerfhandschuhe tragen.

1. Zuerst die Kassette der Chemietoilette ein paarmal hin- und herschieben, um sie zu lockern und beim Herausziehen nichts zu verschütten
2. Stöpsel aus dem Becken der *dump station* entfernen
3. Den Deckel der Toilettenkassette abnehmen (nicht in das Abflussloch fallen lassen!), den Schlauch in das Abflussloch einführen und den *air release*-Knopf an der Kassette drücken, um das Ablassen des Wassers zu erleichtern
4. Leere Kassette an dem Wasserhahn neben der *dump station* ausspülen (das ist kein Trinkwasser!)

Der **Schmutzwassertank** wird ebenfalls an der *dump station* geleert; hierzu schließt man den dafür vorgesehenen Schlauch zuerst an den Tank an (das Rohr kommt meist unter dem Wagen hervor) und danach mit dem anderen Ende an den passenden Abfluss des Beckens. Erst wenn sichergestellt ist, dass alles richtig angeschlossen wurde, wird der Tank abgelassen (meist mit einem Hebel am Tank). Gibt es keinen passenden Einfüllstutzen, muss der Schlauch mit der Hand in das Abflussloch gehalten werden, damit das Schmutzwasser nicht durch die Gegend spritzt! Läuft kein Schmutzwasser mehr heraus, den Schlauch zuerst vom Tank lösen und mit diesem Ende nach oben halten, damit restliches Wasser herauslaufen kann. Dann den Schlauch auswaschen, bevor man das Ausflussende aus dem Abflussloch nimmt. Jede *dump station* soll nach der Benutzung gereinigt und wieder verschlossen werden. Hände gründlich waschen!

Wichtig: den Wasseranschluss direkt an der *dump station* nie zum Auffüllen des Trinkwassertanks benutzen! Manchmal befindet sich ein Trinkwasserhahn ein paar Meter weiter.

***Dump-station*-Glossar:** *waste water* heißt Abwasser, *black water* ist das Toiletten-Abwasser und *grey water* ist „sauberes" Abwasser aus dem Schmutzwassertank.

Externe **Stromzufuhr** brauchen Wohnmobile nicht unbedingt; das Kabinenlicht, der Kühlschrank und der Zigarettenanzünder, an den man wunderbar Ladegeräte und andere elektronische Gadgets anschließen kann, werden über eine

12-Volt-Batterie mit Strom versorgt, die sich während der Fahrt selbst wieder auflädt. Dafür muss allerdings schon eine gewisse Strecke zurückgelegt werden bzw. der Motor muss eine Weile laufen.

Steht das Fahrzeug still, hält die Batterie zwischen zwölf Stunden und zwei Tagen – je nachdem, wie viele Geräte man darüber laufen lässt. Keine Angst: Auch wenn die 12-Volt-Batterie komplett leer ist, stellen der eingebaute Inverter und zwei getrennt laufende Batterien sicher, dass der Motor trotzdem startet.

Um die Batterie wieder komplett aufzuladen, muss sie allerdings hin und wieder an einen 240-Volt-Hauptstrom angeschlossen werden. Dieser Anschluss versorgt auch die 240-Volt-Steckdosen im Fahrzeuginnenraum (und damit den Fernseher, die Mikrowelle usw.) und bei einigen Wohnmobil-Modellen auch die Heizung mit Strom. Um diese Anschlüsse nutzen zu können, muss man eine *powered site* auf einem Campingplatz ansteuern. Dort verbindet man das im Wohnmobil befindliche Stromkabel mit der Außensteckdose des Fahrzeugs und der Strombox am Stellplatz (oder in dessen Nähe; vor dem häuslichen Einrichten sollte man prüfen, ob das Stromkabel lang genug ist!). Ist das Fahrzeug an die externe Stromversorgung angeschlossen, schalten alle Systeme auf 240-Volt-Versorgung um und die 12-Volt-Batterie lädt sich wieder auf.

3.3 Papierkram: Führerschein

Eines der wichtigsten Dokumente für Wohnmobil-Reisende in Neuseeland ist ein gültiger Führerschein. Deutsche Staatsbürger, die bis zu zwölf Monate in Neuseeland unterwegs sind, haben hier zwei Optionen:

Gültiger deutscher Führerschein zusammen mit einer beglaubigten englischen Übersetzung (seit 2006 Vorschrift)

Diese Option wird Besitzern des „grauen“ oder „rosa Lappens“ (deutscher Führerschein mit Ausstellungsdatum vor 1999, gültig bis 2031) empfohlen. Eine beglaubigte Übersetzung kann nur ein anerkannter Übersetzer ausstellen. Adressen vermittelt die NZTA auf ihrer Website www.nzta.govt.nz. Wichtig: Alle diese Stellen haben ihren Sitz in Neuseeland!

Achtung: Die Deutsche Botschaft in Wellington fertigt keine anerkannten Übersetzungen von Führerscheinen an!

Kosten: Eine beglaubigte Übersetzung kostet um die 50 NZD und wird vor Ort binnen einer Stunde oder auch im Postversand binnen einiger Tage ausgestellt.

Nachteil: Für viele andere Länder der Welt benötigt man trotzdem einen Internationalen Führerschein.

Internationaler Führerschein zusammen mit dem gültigen deutschen Führerschein

Diese Option ist nur Besitzern des EU-Führerscheins (Chipkarte) zu empfehlen; ein Internationaler Führerschein kann nämlich nur mit Vorlage der Chipkarte ausgestellt werden. Der Internationale Führerschein wird von der örtlichen Führerscheinstelle oder dem Bürgeramt sofort ausgestellt, ist höchstens drei Jahre gültig und kann nicht verlängert werden. Vorgelegt werden muss außerdem ein gültiger Personalausweis oder ein Reisepass mit einer höchstens drei Monate alten Meldebestätigung (eine Meldeabfrage kostet in der Regel 8 Euro).

Kosten: 16,30 Euro. Wer noch keinen EU-Führerschein hat, der muss für den Umtausch des „grauen“ oder „rosa Lappens“ zusätzlich 24 Euro bezahlen.

Nachteile: Der Internationale Führerschein wird zwar sofort ausgestellt, die Beantragung des EU-Führerscheins sollte aber mindestens fünf Wochen vor dem geplanten Auslandsaufenthalt erfolgen.

Reisende, die länger als ein Jahr in Neuseeland sind, brauchen einen neuseeländischen Führerschein. Der Umtausch des deutschen Führerscheins ist ohne

Eine Frage des Gewichts

Wohnmobile mit einem Gesamtgewicht über 3,5 Tonnen dürfen in Deutschland mit einem „normalen“ Pkw-Führerschein der Klasse B nur gefahren werden, wenn dieser vor 1999 ausgestellt wurde (also noch als „Klasse-3-Führerschein“). Alle neueren Führerscheine der Klasse B ermächtigen nur zum Fahren von Wohnmobilen unter 3,5 Tonnen!

In Neuseeland wiederum gilt der Standard-Pkw-Führerschein für Fahrzeuge bis 4,5 Tonnen; schwerer sind die allerwenigsten Wohnmobile. Mangels konkreter Aussagen zur Geltungsübertragung des deutschen Führerscheinrechts auf neuseeländisches Recht kann man auch mit neueren Führerscheinen davon ausgehen, dass niemand etwas dagegen haben wird, wenn man ein über 3,5 Tonnen schweres Wohnmobil fährt.

erneute theoretische oder praktische Prüfung möglich. Während der Gültigkeit des neuseeländischen Führerscheins wird der deutsche Führerschein eingezogen und nach Deutschland geschickt.

3.4 Packtipps für Wohnmobil-Reisen

Wer im Wohnmobil reist, der muss andere Gegebenheiten beachten als bei Übernachtungen im Hotel oder im Ferienhaus. Die Rahmenbedingungen sehen hier ganz anders aus: Das Wohnmobil bietet wenig(er) Platz zum Verstauen von Dingen, die Abmessungen der integrierten Schränke sind eher schmal und lang, dafür nicht allzu tief.

Daraus ergeben sich folgende Tipps:

- Platz sparen durch waschbare, schnell trocknende Funktionskleidung und Nutzung von Waschmaschinen
- Keine Koffer mitbringen, sondern lieber weiche Reisetaschen verwenden, die man in den Sitzbänken verstauen kann
- Wer ein Zweisitzer-Wohnmobil mit wenig Stauraum fährt (z. B. den Toyota Voyager von Britz): Reisetaschen so packen, dass man sie auf dem Boden lagern und als offenen Schrank bzw. als Kleidertruhe nutzen kann
- Packliste verwenden, um anfangs den Überblick zu behalten: Was ist in welcher Tasche bzw. in welchem Schrank?
- Saughaken und Beutel einpacken: Hänge-Gelegenheiten schaffen viel zusätzlichen Stauraum an den Wänden

Packliste für den Wohnmobil-Urlaub		Erledigt
Handgepäck	Pässe	
	Flugticket	
	Kreditkarten	
	Kleines Bargeldreservoir in NZ-Dollar und US-Dollar (Stopover)	
	Stift (fürs Ausfüllen der Immigration Card)	
	Wichtige Dokumente: Voucher für Wohnmobil-Verleih Voucher für Auslandsreisekrankenversicherung Voucher für CDW Ersatz-Passbilder Impfausweise Führerscheine (international oder beglaubigte Übersetzungen)	
	Notration Verpflegung (Knabberzeug, Müsliriegel)	
	Komplettes Set Wechselsachen für jeden	
	Warmes Shirt/Fleecejacke, dicke Socken oder Hausschuhe für jeden, kleiner Kulturbeutel mit Zahnbürsten, Zahnpasta, Deo, Feuchttüchern	
	Bonbons, Kaugummis etc. (Achtung: Einfuhr von Kaugummi ist in Singapur verboten!)	
	Nasenspray (richtiges und/oder mit Meerwasser)	
	Notfalltropfen, Aspirin, regelmäßig benötigte Medikamente	
	Buch	
Technik (am besten ins Handgepäck)	Handy/Smartphone	
	Fotoapparat	
	Extra Speicherkarte für den Fotoapparat	
	Ladegeräte für alle elektronischen Geräte	
	CDs/Festplatte mit Filmen, Hörspielen, Musik ...	
	Laptop, Netbook oder Tablet	
	Kensington-Schloss für elektronische Geräte	
Kleidung	höchstens drei Sätze Kleidung pro Person: Shirts (lang und kurz) Hosen Strümpfe Schlafsachen Wechselwäsche für maximal eine Woche	

Wer Wert auf eine gute Küchenausstattung legt, liest am besten genau die Bewertungen anderer Reisender über die potenziellen Vermieter; einer der häufigsten Beschwerdegründe bei Miet-Wohnmobilen ist die geringe, beschädigte oder ganz fehlende Küchenausstattung. Scharfe Messer, beschichtete Pfannen oder „Spezialitäten“ wie ein Kaffeebereiter oder Weingläser sind eine Seltenheit und müssen unter Umständen vor Ort selbst beschafft werden – gar keine leichte Übung in Neuseeland!

Auf fast jedem Zeltplatz in Neuseeland gibt es Waschmaschinen, Trockner und Wäschespinnen. Auch für längere Reisen muss also nicht allzu viel Kleidung eingepackt werden. Bettwäsche und Handtücher sind bei den allermeisten Wohnmobil-Vermietern auch im Standard-Mietpreis enthalten, die muss man nicht mitbringen. Für Reisen im Sommer genügt das angebotene Bettzeug, allenfalls ein dünner Schlafsack kann für Frostbeulen nötig werden (im Winter sieht das anders aus – siehe Kapitel 3.6).

Ausführliche Packlisten zum Kopieren finden sich im **Anhang**.

3.5 Spartipps für Wohnmobil-Reisende

Eine Wohnmobil-Reise ist zweifellos kein Budget-Urlaub; aber mit ein wenig Planung und ein paar Tricks in der Hinterhand lassen sich die Kosten zumindest im Rahmen halten.

Günstig übernachten lässt es sich auf DOC-Campsites (siehe Kapitel 6.2), in einigen Regional Parks oder ganz kostenlos mit Freedom Camping (siehe Kapitel 8). Hier zahlt es sich aus, wenn man einen Campervan mit Toilette gebucht hat – Sparfüchse kaufen sich wenigstens eine transportable Campingtoilette und hoffen, den DOC-Ranger davon überzeugen zu können, dass ihr Campervan damit *self contained* ist.

Und: Auch, wenn man die Annehmlichkeiten von warmen Duschen und gemütlichen Gemeinschaftsküchen nutzen will, muss man auf Campingplätzen nicht täglich eine teurere *powered site* buchen. Die Batterie des Wohnmobils lädt sich beim Fahren zumindest teilweise von selbst wieder auf.

Es schadet generell nichts, sich nach Rabatten zu erkundigen; besonders in der Nebensaison ab Mitte Februar, wenn das Jahresgeschäft in Sack und Tüten ist, lassen viele Campingplatzbesitzer und Veranstaltungsanbieter mit sich reden.

Apropos Rabatt: Mit der Bonuskarte der „Top Ten Holiday Parks“, die man für 49 NZD kaufen kann (auch online!), bekommt man nicht nur zehn Prozent Rabatt auf Übernachtungen in den „Top Ten Holiday Parks“, sondern auch auf die Überfahrt mit der „Interislander“-Fähre und auf viele Eintrittspreise (z. B. *whale watching* in Kaikoura, Segelflüge in Omarama oder das „Wai-o-tapu Thermal Wonderland“ in Rotorua).

ADAC-Mitglieder können den touristischen Service des neuseeländischen Automobilclubs AA in Anspruch nehmen (siehe Kapitel 2.5). Ist das „ShowYourCard!“-Logo auf der Mitgliedskarte aufgedruckt, gibt es 20 Prozent auf Fährtickets des „Interislander“.
Ungefähr dasselbe bekommt man mit einer „Loyalty Card“ der „Family

Parks"; hier kostet die Bonuskarte 40 NZD für zwei Jahre und gilt außerdem in Caravan Club Parks in Großbritannien. Noch günstiger ist die Bonuskarte der „Kiwi Holiday Parks" – zwei Jahre kosten hier 35 NZD, die Rabatte gelten für Campingplätze, die „Blue Bridge"-Fähre und Apollo Camper.

3.6 Spezial: Wohnmobil-Camping im Winter

Die Preise sind unschlagbar niedrig, es sind kaum Touristen auf den Straßen, tolle Skigebiete locken und die Landschaft zeigt sich von einer ganz anderen Seite, als man sie aus unzähligen Reiseberichten schon kennt – es gibt viele gute Gründe, eine Wohnmobil-Reise durch Neuseeland im Winter zu erwägen.

Die neuseeländischen Häuser sind aus unerfindlichen Gründen auch 150 Jahre nach der Besiedlung des Landes immer noch nicht an das Klima angepasst – fehlende Isolierung, schlampige Bauweise und vorsintflutliche Heizmethoden sind auch in den Großstädten gang und gäbe. Besser als ein zugiges Hostel mit Ofen im Gemeinschaftsraum und Heizdecken in den Betten kann da ein Wohnmobil sein – wenn es entsprechend ausgestattet ist.

Das Inselklima sorgt dafür, dass die Winter in Neuseeland nicht allzu kalt werden; Schnee liegt eigentlich nur auf den Gipfeln der höchsten Berge, weiße Winter wie in Mitteleuropa sind selten und dauern höchstens einige Tage an. Im subtropischen Norden der Nordinsel, aber auch in warmen Enklaven der Südinsel wie der Golden Bay, wird es nie so richtig „kalt".

Auch im Winter ist ein Urlaub im Wohnmobil möglich

Wer ans Skifahren denkt: nur zu! Die Skisaison beginnt Mitte Juni und reicht bis in den September. Neuseeland bietet einige hervorragende Skigebiete, die eine gänzlich andere Erfahrung bieten als das, was man aus dem Skizirkus in den europäischen Alpen gewohnt ist.

Der größte Unterschied ist die Erreichbarkeit: Da es fast unmöglich ist, direkt in oder an den Skigebieten zu übernachten, wird immer eine Anfahrt nötig.

Mindestanforderungen an Winter-Wohnmobile

- Gute Dämmung der Wände und versiegelte Fenster
- Teppichboden zur Isolierung
- Eine Standheizung, die auch bei nicht laufendem Motor funktioniert
- Heißwasserversorgung auch ohne Stromanschluss
- ABS, Elektronische Bremskraftverteilung (EBD = „Electronic Brakeforce Distribution")
- Schneeketten (Achtung, Versicherungsbedingungen: Schäden durch Verwendung von Schneeketten dürfen dann nicht von der Kasko-Versicherung ausgeschlossen sein!)
- Für Skiausrüstung: von innen und außen zugängliche Aufbewahrungsmöglichkeit, die mit beheizt wird

Bettwäsche wird zwar im Mietpreis enthalten sein, ein dicker Winterschlafsack sollte aber vorsichtshalber von zu Hause mitgebracht werden.

Abgelegenere Skigebiete wie Tukino am Mount Ruapehu sind nur mit Allradantrieb zugänglich, und viele andere sind nur über *gravel roads* zu erreichen. Um nicht gegen die Mietbedingungen zu verstoßen (die das Fahren auf unbefestigten Straßen im Regelfall verbieten), sollte man die angebotenen Skibusse nutzen.

Die geringe Breite der Inseln sorgt dafür, dass man tatsächlich erst oben auf dem Berg die Wintersachen anziehen muss; das Aprés Ski kann man „unten" im Tal dann bei herrlichstem Sonnenschein und Frühlingstemperaturen genießen. Trotzdem sollte man dem Winter in Neuseeland mit Respekt begegnen: Nächte in höheren Lagen, besonders auf der Südinsel, können leicht unter null Grad gehen, Regen und Sturm sorgen mit hoher Wahrscheinlichkeit für Frust und Verzögerungen und abgelegene Straßen wie die Milford Road oder die Zufahrtsstraße zum Mount Cook können jederzeit wegen drohender Schneestürme oder Lawinengefahr gesperrt werden.

Noch wichtiger als im Sommer ist eine gute Routenplanung, wenn man im Winter unterwegs ist. Fahrzeiten sollten so kalkuliert werden, dass man möglichst nicht im Dunkeln fahren muss. Der Tank und die Gas- und Wasserbehälter sollten immer so gefüllt sein, dass auch eine ungeplante Verzögerung nichts ausmacht. In extremen Fahrbedingungen verbraucht man mehr Treibstoff!

Vor Fahrtantritt, besonders auf der Südinsel, ist ein Blick auf die Wettervorhersage Pflicht; Tiefdruckgebiete oder Stürme können die geplante Route sehr unbequem oder ganz unmöglich machen. Selbst wenn man es bis zum Milford Sound oder ins Mount Cook Village schafft – wird man am nächsten Tag zurückkommen? Hier ist viel Fingerspitzengefühl und Flexibilität notwendig und die Bereitschaft, aus Sicherheitsgründen auch mal einige Tage zu warten oder gar auf ein Ziel zu verzichten.

Sicherheit im Winter
0900 33 222 – 24-Stunden-Info-Hotline des AA für Straßensperrungen; Anrufe kosten 1,30 NZD/Minute für Nicht-Mitglieder. www.aa.co.nz

Fahren im Winter fordert von Wohnmobil-Piloten wesentlich mehr Erfahrung und Können. Hier sollte man unbedingt ehrlich zu sich sein und keine Risiken eingehen! Sicherheitsabstände sollten großzügig gehalten werden, das Fahrtempo ist schon bei der Streckenplanung generell niedriger anzusetzen, damit es nicht zu Hektik kommt.

Winterfestes Wohnmobil

Das Fahren in Begleitung ist besonders im Winter eine gute Idee. Eine Panne in frostiger Dunkelheit übersteht sich mit einem Partner besser, und viele Augen und Hände können mehr sehen und schaffen als jeweils zwei.

Das Fahrzeug sollte immer tipptopp in Schuss sein: Der korrekte Reifendruck und eine gute Profiltiefe geben Sicherheit auf nassen und glatten Straßen, der Ersatzreifen muss samt Werkzeug am Platz und intakt sein. Genauso wichtig sind funktionierende Scheibenwischer und eine aufgefüllte Scheibenwaschanlage; das Wischwasser muss Defroster-Mittel enthalten! Die Scheinwerfer sollten immer mal wieder abgewaschen werden, damit man gut gesehen wird und vollen Überblick in der Dämmerung hat; Fahren mit Licht ist tagsüber in Neuseeland keine Pflicht, kann aber nicht schaden.

Zusätzliche Sicherheit geben Schneeketten; bei der Übernahme des Wohnmobils sollte man sich zeigen lassen, wie diese angelegt werden. Für Notfälle sollten im Führerhaus immer eine Taschenlampe mit Ersatzbatterien, ein aufgeladenes Handy, warme Decken, eine Extraration Essen (Schokolade!) und Trinkwasser sowie eine Schaufel, Überbrückungskabel und ein Abschleppseil liegen.

4. Die große Frage: Wohnmobil kaufen oder mieten?

Mit dem Campervan durch die Catlins

4. Die große Frage: Wohnmobil kaufen oder mieten?

Die allermeisten Neuseeland-Besucher werden sich ein geräumiges Wohnmobil oder einen günstigen kleinen Campervan mieten – das ist bequem: Der Vermieter garantiert dafür, dass das Gefährt gut in Schuss ist, übernimmt (hoffentlich) die Kosten für anfallende Reparaturen und nimmt einem das Fahrzeug nach beendeter Reise wieder ab.

Bonus: Die Websites der großen Vermieter gibt es auf Deutsch, viele Anbieter haben in jeder Mietstation Deutsch sprechendes Personal – bequemer kann man seine vielen Fragen nicht stellen.

Ist man länger als ein paar Wochen in Neuseeland unterwegs, wird die Option des Mietens allerdings unweigerlich sehr teuer. Viele Reisende fragen sich daher, ob es nicht günstiger ist, am Anfang der Reise einen gebrauchten Campervan zu kaufen und ihn am Ende für einen ähnlichen Betrag wieder zu verkaufen – im Idealfall ein gutes Geschäft, im schlechtesten Fall genauso teuer wie eine Miete.

Leider ist es fast unmöglich, im Vorhinein abzuschätzen, wie viel die Option des Kaufens im Endeffekt kosten wird: Unwägbarkeiten wie die Angebots- und Nachfragesituation auf den Automärkten zu den jeweiligen Zeitpunkten, das Verhandlungsgeschick, der technische Zustand des gekauften Wagens oder etwaige unverschuldete Unfälle machen die Kalkulation schwieriger als die Wettervorhersage.

Wie also entscheiden? Wer vorhat, einen Campervan in Neuseeland zu kaufen, der sollte auf jeden Fall davon ausgehen, dass er ihn für weniger Geld wieder verkaufen wird, als er anfangs dafür bezahlt hat. Die Rechnung geht nun so: Welcher Verlust bei diesem Geschäft erscheint persönlich noch akzeptabel – und ist dieser Betrag geringer als der, den man für die Campervan-Miete ausgeben würde?

Zum Kaufpreis kommen noch weitere Kosten, die man beim Mieten vermeidet bzw. die in den Mietpreis einkalkuliert sind: Versicherungen, Registrierungen und andere Lizenzen (siehe Kapitel 4.4), außerdem natürlich etwaige Reparatur- und Unfallkosten. Außerdem müssen für den Kauf und den Verkauf jeweils ein paar Reisetage (und einige Nerven!) einkalkuliert werden; besser ist eine Woche, in der man sich dann kaum noch aufs Reisen konzentrieren kann.

Insgesamt kann man keine eindeutige Empfehlung aussprechen. Einen Campervan in Neuseeland zu kaufen und wieder zu verkaufen, scheint günstiger, als es tatsächlich sein wird – aber man kann natürlich auch Glück haben! Nur wenn man wirklich lange in Neuseeland unterwegs ist (und in dieser ganzen Zeit auch im Wohnmobil wohnen will!), sollte man also einen Kauf in Erwägung ziehen. Tipps und Hinweise dazu gibt Kapitel 4.3.

4.1 Wie mietet man ein Wohnmobil?

Campervan-Reisen sind auch bei Neuseeländern unglaublich beliebt. Will man für seine Neuseeland-Reise ein Wohnmobil mieten, dann lautet der allerwichtigste Punkt ganz klar: so zeitig wie möglich nach Angeboten suchen und buchen – natürlich bereits von Deutschland aus!

Nach erfolgter Buchung muss zunächst eine Anzahlung für die Fahrzeugmiete geleistet werden. Der Rest des Betrags wird spätestens einen Monat vor Abholung des Wohnmobils bezahlt. Ist man in Neuseeland angekommen, kann man direkt vom Flughafen zum Büro des Vermieters fahren, um das Wohnmobil abzuholen; die meisten Mietstationen befinden sich in unmittelbarer Flughafennähe und oft sind die geringen Kosten für ein Taxi im Mietpreis inbegriffen.

Campervan, frisch angemietet

Da es nach einem zwölf- bis 24-stündigen Flug in der Regel keine gute Idee ist, sich direkt in den Straßenverkehr zu stürzen – und dann noch auf der linken Straßenseite –, ist es jedoch eine gute Idee, die Abholung des Wohnmobils um einen oder zwei Tage zu verschieben und sich erst einmal von Jetlag, Zeitverschiebung und Reisemüdigkeit zu erholen.

Für das gesamte Prozedere der Abholung des Miet-Wohnmobils sollte mindestens eine Stunde kalkuliert werden, besser zwei. Zwischen 9 und 10:30 Uhr sind die Büros meist sehr voll und man muss unter Umständen sehr lange warten; wenn es sich einrichten lässt, sollte man also später kommen.

Bei der Fahrzeugübernahme an der Mietstation müssen der Reisepass, der Voucher bzw. die Buchungsbestätigung sowie ein gültiger Führerschein (siehe Kapitel 3.3) vorgezeigt werden. Nun wird ein Mitarbeiter den Mietvertrag Schritt für Schritt durchgehen, dabei mehr oder weniger hartnäckig nachfragen, ob nicht doch noch zusätzliche Versicherungsoptionen für die Autoversicherung gewünscht werden, und schließlich um eine Unterschrift bitten.

Zusatzfahrer

Alle Personen, die das Wohnmobil während der Reise auch nur eventuell fahren können sollen (man denke an Notfälle und Krankheiten, in denen auch ansonsten Fahrunwillige hinters Steuer müssen), sollten in den Mietvertrag als Zusatzfahrer eingetragen werden. Ansonsten erlischt der Versicherungsschutz, wenn das Fahrzeug genau dann zu Schaden kommt.

Die meisten Vermieter nehmen aus Sicherheitsgründen außerdem einen Abdruck der Kreditkarte. Hat man ein Standardpaket ohne Übernahme der Selbstbeteiligung (siehe Kapitel 4.6) gebucht, wird ein *security bond* in Höhe von bis zu 7500 NZD (je nach Vermieter) abgebucht. Nur wenige Vermieter bieten die Möglichkeit, diese Kaution in bar oder mit Reiseschecks zu hinterlegen. Es ist wichtig, dass der Verfügungsrahmen der Kreditkarte eine solche Transaktion erlaubt – unbedingt vor Reiseantritt mit der Bank klären!!

Nun darf man auswählen, welche Gegenstände man außer dem Wohnmobil noch mieten möchte: Zur Auswahl stehen – je nach Anbieter – Campingstühle, Fahrräder, Kindersitze, Zeltausrüstung, GPS-Geräte und vieles mehr. Je nach Tarif, den man gebucht hat, muss man diese Gegenstände extra bezahlen; für einige fallen einmalige Leih-Pauschalen an, für andere zahlt man bis zu einer Höchstgrenze einen Tagesmietpreis.

Nachdem die Formalitäten erledigt sind, wird man in die Handhabung des Wohnmobils eingewiesen: Wie funktioniert die Schaltung, wo wird getankt, wie wird das Schmutzwasser abgelassen, wie wird das Bett aufgebaut usw. Bei den großen Vermietern erfolgt diese Einweisung häufig mittels eines Präsentationsfilms auf einem tragbaren DVD-Player; mit Glück erwischt man deutschsprachiges Personal und lässt sich persönlich alles erklären.

Keine Angst: Auch wenn man nicht alles verstanden hat oder die Hälfte gleich wieder vergisst – freundliche Hilfe und Unterstützung bekommt man auf jedem Campingplatz, an jeder Tankstelle und wahrscheinlich auch einfach nur am Straßenrand. Als Campervan-Fans kennen sich die meisten Kiwis mit den Alltagsproblemchen von Wohnmobil-Neulingen gut aus.

Danach wird gemeinsam mit einem Mitarbeiter das gemietete Wohnmobil in Augenschein genommen. Der Angestellte wird das Fahrzeug rundum genau begutachten und alle Schäden in einem Schadensprotokoll vermerken, die bereits am oder im Fahrzeug bestehen. Kleinere Kratzer und Lackschäden sind häufig, werden aber in der Regel kulant übersehen.

Der Mieter sollte in dieser Zeit aber auch selbst einen gründlichen Blick auf sein zukünftiges Wohnmobil werfen:

- Sind Fahrzeugteile, Karosse und Inneneinrichtung unbeschädigt?
- Sind Wagenheber, Warndreieck und Werkzeug vorhanden? Ein Erste-Hilfe-Kasten?
- Sind die geliehenen Kindersitze, Campingmöbel usw. in Ordnung?
- Funktionieren Wasserhähne und Toiletten, ist der Abfluss frei?
- Fahrtest: Lassen sich die Gänge ohne Gewalt einlegen? Funktionieren die Bremsen? Zieht der Motor beim Losfahren? Fährt das Wohnmobil geradeaus, wenn man das Lenkrad kurz loslässt?

Jetzt ist der Zeitpunkt, etwaige Beschwerden loszuwerden oder um einen Tausch zu bitten; alles, was später reklamiert oder getauscht werden muss, kostet wertvolle Urlaubszeit! Eine komplette Checkliste zum Abhaken findet sich im **Anhang.**

Das war es auch schon; der Mieter bekommt den Schlüssel und ein dickes Paket mit Reiseunterlagen ausgehändigt, die Reisetaschen, Rucksäcke und Extra-Gegenstände werden so gut wie möglich verstaut, die Kinder auf ihre Kindersitze geschnallt und schon geht es hinaus in den Linksverkehr.

Bei der **Rückgabe** muss das Wohnmobil besenrein sauber sein, einen vollen Tank und einen leeren Wassertank haben. Das heißt: Ein paar Stunden müssen für Aus- und Aufräumen, Fegen, Abwaschen und Schmutzwasser entsorgen einkalkuliert werden. Vergisst man etwas davon, wird eine happige Gebühr berechnet. Keine Sorge: Es ist weder eine Autowäsche nötig noch eine professionelle Innenreinigung.

Sind keine Beschädigungen am Fahrzeug festzustellen und liegen auch keine Strafbescheide aus der Mietzeit des Wohnmobils vor, wird nun der Kreditkartenabdruck vernichtet und die abgebuchte Kaution für die Selbstbeteiligung wird zurücküberwiesen. Bei Dieselfahrzeugen fällt noch die Zahlung der *diesel tax recovery fee* bzw. *road user charge* (siehe Kapitel 4.4) an.

Der frühe Vogel fängt nicht nur das günstigste Wohnmobil. Man findet auch mit höherer Wahrscheinlichkeit genau das Wohnmobil, das man sucht oder braucht (besonders wichtig für Familien mit kleinen Kindern, aber auch besondere Bedürfnisse etwa für Reisen im Winter).

Mindestens ein halbes Jahr, besser sogar neun Monate vorher, sollte man sein Wunsch-Wohnmobil daher mieten. Recherchieren kann man bei den meisten Anbietern ab einem Jahr vor dem gewünschten Reisedatum.

In Neuseeland teilen sich unzählige große und kleine Anbieter den hart umkämpften Markt, sowohl Angebot als auch Nachfrage sind breit gefächert. Dabei gilt die Faustregel: Sucht man ein großes, gut ausgestattetes Wohnmobil und wünscht Rundum-Service und landesweite Betreuung, sollte man sich an den internationalen Anbietern wie Britz, Maui und Kea orientieren. Sie verfügen über die größten Fahrzeugflotten mit neuen und neuesten Modellen und bieten umfassenden Service – natürlich zu entsprechenden Preisen.

Wer sparen will oder geringere Ansprüche hat, kann sich bei Budget-Anbietern und kleineren Familienunternehmen umschauen; für ältere Fahrzeuge, die häufig *custom made* eingerichtet sind (zu deutsch: Marke Eigenbau), zahlt man oft wesentlich weniger, riskiert aber im schlechtesten Fall viel Ärger und Zeitaufwand für Reparaturen oder gar Fahrzeugaustausch.

Die meisten Vermieter haben ihre Fahrzeugflotten in der Nähe der internationalen Flughäfen in Auckland und Christchurch. Hier holen die meisten Reisenden ihre Wohnmobile ab. Oft ist ein *airport transfer* vom Flughafen zur Mietstation im Preis inbegriffen; mietet man das Fahrzeug erst ein paar Tage nach der Ankunft, muss man sich selbst um die Anreise zur Mietstation kümmern.

Service wird hier großgeschrieben: Kunden von Britz, Maui und anderen Vermietern können in den Stationen duschen, bekommen kostenlose Getränke (Achtung, der Automatenkaffee ist grauenhaft!) und können per WLAN im Internet surfen. Für die Kinder gibt es große und gut ausgestattete Kinderspielecken.

Ruhiger Start

Wer gleich losfahren will, sollte den Großstadtverkehr in Auckland vermeiden und lieber im ruhigeren Christchurch starten. Mit ein paar Wochen Fahrtraining findet man sich dann auch auf den mehrspurigen Highways von Auckland zurecht.

Es gibt aber auch Vermieter, die Fahrzeuge in Wellington, Queenstown oder Picton vermieten oder zurücknehmen. Damit lassen sich perfekt maßgeschneiderte Reisen für kürzere Trips zusammenstellen.

Eine Liste der größten Wohnmobil-Vermieter in Neuseeland samt Vergleich der wichtigsten Konditionen findet sich im **Anhang**.

4.2 Wohnmobil mieten: Was kostet das?

Wohnmobilreisen in Neuseeland sind nicht billig, aber immer noch preiswerter, als täglich in Motels oder Hotels zu übernachten. Es hängt von sehr vielen Faktoren und dem eigenen Bedürfnis nach Komfort zusammen, ob eine Wohnmobilreise – in diesem Rahmen! – vergleichsweise günstig oder sehr teuer wird.

Die Tagesmiete für ein Wohnmobil kann je nach Größe und Ausstattung des Gefährts, Zeitpunkt und Länge der Reise und Zeitpunkt der Buchung zwischen 45 und über 300 NZD liegen; eine pauschale Aussage ist also unmöglich. Zum Grundpreis für die Miete kommen außerdem noch zahlreiche weitere Posten, die nur bei einigen Anbietern im Preis inbegriffen sind*:

- Kreditkartengebühren und Verwaltungsgebühren: zwei bis vier Prozent der Transaktionssumme
- Wechselkursschwankungen: ziemlich wahrscheinlich wird der Wechselkurs von Euro und NZ-Dollar zwischen Ab- und Rückbuchung des *security bond* schwanken, was nochmals hohe dreistellige Beträge ergeben kann.
- *Diesel tax recovery fee*: wird bei Dieselfahrzeugen erhoben; 5,30 NZD (6 NZD für Fahrzeuge über 3,5 Tonnen) pro 100 Kilometer
- *One way fee* oder *relocation fee*: ca. 250 NZD; wenn man das Wohnmobil in einer anderen Stadt abgibt, als man es gemietet hat
- *Late fee*: Gebühr für verspätete Rückgaben
- *Special location fee*: Gebühr für besondere Abholorte
- Pick-up und/oder Drop-off am Flughafen
- Eventuell Stornierungs- oder Änderungsgebühren (60 bis 200 NZD)
- Fährticket (meist selbst zu buchen und zu bezahlen)
- Eventuell Miete für Campingmöbel (15 bis 25 NZD), Heizgerät (16 NZD), Autokindersitz (25 bis 40 NZD), Fahrräder (etwa 12 NZD pro Tag) und Fahrradhalter (etwa 50 NZD) usw.
- Gebühren für Endreinigung und Auffüllen der Gasflasche, wenn dies bei der Rückgabe vergessen wurde (bis zu 500 NZD)

**Die angegebenen Preise sind ungefähre Richtwerte. Die tatsächlichen Kosten werden von jedem Wohnmobil-Vermieter individuell festgelegt.*

Vom **Reisetermin** und der Zeit, die bis dahin noch bleibt, hängt der Mietpreis ganz entscheidend ab. Nicht nur in den Sommerferien zwischen Mitte Dezember und Mitte Januar, sondern auch an anderen nationalen Feiertagen wie Waitangi Day und Ostern oder im zeitlichen Umfeld von weiteren Großereignissen sind die größeren Fahrzeuge mit mehr als zwei Betten oft schon Monate im Voraus ausgebucht.

Spartipp

Wer mindestens 120 Tage vor Abreisedatum (bei einigen Vermietern auch 150 Tage) bucht, bekommt bei vielen Anbietern fünf bis zehn Prozent Rabatt. Weitere fünf Prozent gibt es für Langzeitmieten über mehr als 21 Tage. Dazu gibt es Extraservice wie kostenlosen Bettwäschetausch und kostenlose technische Check-ups während der Mietdauer.

In der Nebensaison sind die Tagesmieten zum Teil weit über die Hälfte günstiger als in der Hauptsaison. Bis zu drei Viertel weniger zahlt man für Miet-Wohnmobile im neuseeländischen Winter, wenn sich nur wenige Touristen nach Neuseeland verirren (siehe Kapitel 3.6).

Britz und Apollo benutzen sogenannte *flex rates*: Der wöchentlich aktualisierte Mietpreis steigt hier umso höher, je weniger Fahrzeuge noch verfügbar sind ODER je näher das Mietdatum rückt.

Entscheidend für den Preis ist außerdem das **Alter des Wohnmobils**. Die Premium-Anbieter haben eine Flotte neuer oder neuwertiger Fahrzeuge. Diese sind natürlich weniger pannenanfällig und leistungsfähiger; Fiat- oder Mercedes-Modelle mit entsprechenden Leistungsparametern wie einem größeren (Turbo-)Motor, besserer Straßenlage, ABS, ESP usw. Asiatische Marken wie Toyota oder Mazda sind bis zu einem Alter von sechs Jahren bei guter Wartung aber ebenfalls robust genug, dass noch kaum Reparaturbedarf besteht. Ob ein Fahrzeug mit Automatik oder Schaltung betrieben wird und welchen Treibstoff es schluckt, ist hingegen kaum preisrelevant.

Ältere Fahrzeuge sind bei jungen, budgetbewussten Reisenden beliebt: Der Mietpreis ist niedriger, oft fällt die Selbstbeteiligung im Schadensfall für diese Wohnmobile weg und es gibt keine Altersbeschränkung für den Fahrer.

Wer selbst recherchiert und nicht blind das Reisebüro buchen lässt, kann bei kleineren, lokalen Vermietern oft günstigere Angebote oder wenigstens mehr Extras herausschlagen als bei den Branchenriesen.

Meist gibt es eine günstige und ein teure Variante. Die erste umfasst quasi das Basispaket ohne jede Zusatzleistung, die zweite ist eine l*iability reduction option* (davon gibt es oft mehrere Abstufungen). Je nachdem, wie viel Selbstbeteiligung im Schadensfall dem Mieter zu zahlen bleibt, kostet die Bonus-Variante zwischen 29 und 65 NZD pro Tag (!) – zusätzlich zum Basis-Mietpreis.

Im Standardpaket inbegriffen sind nahezu immer: unbegrenzte Kilometer, zusätzliche Fahrer, die Mehrwertsteuer, Kfz- und Kaskoversicherung, landes-

Auf dem Campingplatz "Curio Bay" in den Catlins

weiter Pannendienst, eine kostenlose Hotline, ein Reisepaket mit Straßenkarten und Gutschein-Broschüren, eine Küchenausstattung mit Gasflasche und Geschirr sowie Bettwäsche und Handtücher.

Die Bonus-Pakete bieten mehr oder weniger umfangreiche Erweiterungen, die ansonsten extra bezahlt oder anderweitig organisiert werden müssen: Am wichtigsten ist hierbei die volle Versicherungsabdeckung im Schadensfall ohne Zahlung einer Selbstbeteiligung und damit der Wegfall der Kautionszahlung. Inklusive sind außerdem die *diesel tax recovery fee* bei Dieselfahrzeugen, Campingtisch und -stühle, Kindersitze sowie Sonderausstattung wie Schneeketten, GPS-Navigationsgerät und DVD-Player.

Ist man noch nicht sicher, kann man zunächst das Standardpaket ohne Extras buchen und vor Ort spontan „upgraden"; das wird allerdings insgesamt teurer sein, als wenn man sofort das teuerste Paket ohne jede Selbstbeteiligung bucht. Lediglich Kindersitze (siehe Kapitel 10.3) sollten unbedingt so zeitig wie möglich gebucht werden.

Spartipp
Wer auf das teure Bonus-Paket verzichten will, kann sich gegen das Risiko, dass man nach einem Unfall die Selbstbeteiligung zahlen muss, mit einer Selbstbehalt-Ausschluss-Versicherung absichern (siehe Kapitel 4.6).

Bei der Recherche in den Suchmaschinen sollte unbedingt auf das **Kleingedruckte** geachtet werden!

- Die meisten Vermieter bieten ihre Fahrzeuge auch in der Vor- und Nachsaison nicht unter fünf Tagen an; zur Hochsaison liegt das Minimum meist bei zehn oder vierzehn Tagen.
- Das Mindestalter des Fahrers liegt bei 25 Jahren; einige Vermieter lassen auch Fahrer ab 21 Jahren zu, dies ist in der Regel mit einem höheren Versicherungsbetrag verbunden. Ein Höchstalter gibt es nicht.
- Ein Miet-Tag entspricht nicht einer 24-Stunden-Periode, sondern einem Kalendertag.
- Die Fahrzeugausgabe ist in den allermeisten Büros nur bis 16:30 Uhr möglich, was sehr wichtig ist für die Flugbuchung!
- Die Zahl der berths beschreibt, wie viele Personen in einem Wohnmobil schlafen können – nicht die Anzahl der Betten! In 6-berth-Campervans befinden sich oft nur drei Doppelbetten; das kann wichtig sein, wenn man als Gruppe reisen will.
- Nicht alle Fahrzeugmodelle verfügen über genügend Sitzplätze mit Gurten, um eine Familie mit mehreren Kindern zu transportieren; mitunter sind einzelne Sitze nur für die Benutzung mit Babyschalen zugelassen, nicht jedoch mit booster seats (oder umgekehrt), bestimmte Fahrzeugmodelle schließen den Transport von Kindern unter einem bestimmten Alter auf dem Beifahrersitz aus usw. Unbedingt vorher genau erkundigen!
- Keiner der Vermieter erlaubt Haustiere in den Wohnmobilen. Ausgenommen davon sind ausgebildete Blindenhunde.

4.3 Wie kauft (und verkauft!) man ein Wohnmobil?

Zunächst eine Warnung: So einfach, wie es einige begeisterte Rückkehrer schildern, ist der Kauf eines Wohnmobils in Neuseeland nicht. Wer es probieren will, sollte dafür nicht nur genügend Zeit einkalkulieren, sondern auch ein ordentliches finanzielles Polster in der Hinterhand haben.

Das Wohnmobil ist als Transportmittel und mobiles Zuhause die größte Investition einer Neuseelandreise – egal, ob gemietet oder gekauft. Wer hier zu sparsam ist, wird sich nachher ärgern. Dazu kommt, dass Neuseeland ein recht kleiner Markt ist; die Schwankungen der Zahl von Touristen beeinflusst Angebot und Nachfrage erheblich.

Am Ende der Hauptsaison (Ende Februar/Anfang März) findet man daher mit größerer Wahrscheinlichkeit ein günstiges Schnäppchen als während der

Hauptreisezeit ab November, aber „Schnäppchen" ist immer relativ: Ein technisch einwandfreies und straßenzugelassenes Fahrzeug mit akzeptabler Ausstattung wird sich kaum unter 4000 NZD finden lassen.

Über den reinen Kaufpreis hinaus sollte unbedingt genügend Geld im Budget bleiben, um eventuell notwendige Reparaturen bezahlen zu können; und ein gepflegtes, gut in Schuss gehaltenes Fahrzeug lässt sich am Ende in der Regel auch zu einem besseren Preis wieder verkaufen als eine völlig heruntergekommene Rostlaube.

Akzeptable gebrauchte Campervans zu vernünftigen Preisen findet man durchaus, aber das sind mit hoher Wahrscheinlichkeit nicht die luxuriösen, hochwertigen Wohnmobile der großen Vermieter. Eher wird man einfache Kastenwagen der Marken Toyota, Fiat oder VW finden, die von Hand (*custom made*) mit Schlafmöglichkeiten und Kochgelegenheit ausgestattet wurden. Campingmöbel gehören nur selten zur Ausstattung, Dusche und WC sind absolute Seltenheit. Das sollte man besonders dann bedenken, wenn man in Neuseeland Freedom Camping machen will (siehe Kapitel 8).

Familien mit Kindern aufgepasst

Gebrauchte Campervans sind überwiegend älteren Baujahrs und haben daher oft nicht genügend Sitzplätze, die mit Dreipunktgurten ausgestattet sind. Vor dem Kauf sollte man sich unbedingt jeden Sitz genau ansehen und nachfragen, ob die Verwendung von Kindersitzen vom Hersteller gestattet wird.

Es gibt mehrere Möglichkeiten, nach einem gebrauchten Wohnmobil Ausschau zu halten; prinzipiell sind das dieselben Orte, wo man auch nach der Reise wieder schauen wird, um sein Fahrzeug zu verkaufen.

- **Internet:** Auf neuseeländischen Websites wie **www.TradeMe.co.nz** (hohe Gebühren für Angebotseinstellung und Verkauf, neuseeländisches Konto zur Anmeldung nötig), **www.Gumtree.co.nz** oder **www.Backpacker-Board.de** (beide kostenlos) kann man schon vor der Abreise einen Eindruck von der Marktlage und den Preisen bekommen und im Idealfall einen Kauf anbahnen. Der tatsächliche Kauf sollte allerdings erst vor Ort stattfinden. Dafür sollte man unbedingt ein Mobiltelefon haben!

- Die meisten Gebrauchtwagen werden in Neuseeland **direkt** gekauft und verkauft; die unter Reisenden bekanntesten Plätze dafür sind die *backpacker's car markets*, täglich geöffnet von 9 bis 17 Uhr. Als Verkäufer zahlt man hier eine Gebühr, um sein Fahrzeug anbieten zu können, der Käufer zahlt nichts. Ist das Fahrzeug nach drei Tagen noch nicht verkauft, muss man nachzahlen oder den Platz freimachen.

- Auf der **„Backpacker Car World" in Auckland** (19 East Street, nur fünf Minuten von der Queen Street) zahlen Verkäufer 105 NZD für einen Stellplatz. Vorteil: Die Besitzer bieten On-the-Spot-Umbau von Campervans an; fehlt also ein Sitz oder soll das Bett breiter werden, wird das hier binnen 24 Stunden erledigt.

- Der **„Backpacker's Car Market" in Christchurch** (33 Battersea Street, Sydenham) vermietet Verkäufern einen Stellplatz für 95 NZD (auch für drei Tage).

- „Normale" **Automärkte** und -messen, bei denen eher Kiwis unterwegs sind, gibt es natürlich auch. Der größte in Auckland findet sonntags von 9 bis 12 Uhr am Ellerslie Racecourse statt; Verkäufer zahlen hier 35 NZD. In Christchurch findet die „Canterbury Car Fair" zu denselben Zeiten im Stadtteil Middleton am Addington Raceway statt.

- **Aushänge:** Die klassische Papiervariante ist immer noch erstaunlich beliebt und dabei erstaunlich erfolgreich. Vorteil: Eine Annonce auf einen A4-Zettel zu schreiben, zu kopieren und aufzuhängen, ist schnell erledigt.

- Eine Abwandlung ist es, die Verkaufsannonce (*for sale*) bereits während der letzten Wochen der Reise ins Auto zu hängen – so beginnt man früh, um Käufer zu werben und kann mit einem höheren Preis einsteigen.

- **Autohändler:** Natürlich gibt es in Neuseeland auch eine große Anzahl an professionellen Händlern. Wer dringend einen Campervan braucht oder ihn wieder loswerden muss, der hat hier eine letzte Alternative – erfahrungsgemäß ist das die schlechteste, weil Händler an dem Kauf bzw. Verkauf verdienen müssen und nun mal gut verhandeln können.

Backpackers Car Market in Christchurch

Die „Backpacker Car World“ in Auckland hat viel schlechte Presse. Immer wieder wird vor professionellen Autohändlern gewarnt, die sich hier als Backpacker tarnen und ahnungslose Touristen über den Tisch ziehen.

Da man hier großteils an Backpacker verkauft, ist der Preis das Hauptargument. Käufer haben es hier vergleichsweise gut, weil die Verkäufer mit Rückflugtickets in der Tasche jeden Tag nervöser werden und schließlich gezwungen sind, zu Spottpreisen zu verkaufen. Das ruiniert natürlich dann die Preise für alle anderen Anbieter.

Der „Backpacker's Car Market“ in Christchurch ist das genaue Gegenteil: Nur wenige Fahrzeuge werden angeboten und auch die Nachfrage ist eher gering, es ist ruhig und nett. Als Verkäufer bestimmt man hier eher den Preis, weil das Angebot so schmal ist.

In Auckland hat man in der Regel bessere Chancen, ein Fahrzeug zu kaufen als in Christchurch oder noch kleineren Städten. Hier reisen nicht nur wesentlich mehr Touristen an und ab, die ihre Fahrzeuge wieder verkaufen müssen, hier leben auch generell viel mehr Menschen.

Dieser Vorteil verkehrt sich beim Wiederverkauf allerdings in einen Nachteil: In Auckland herrscht auf dem Verkäufermarkt viel größere Konkurrenz, zu jeder Zeit werden hier um die 45 000 Campervans zum Verkauf angeboten. Das bedeutet weniger Nachfrage und damit niedrige Preise (siehe Box). Klug ist es also, von Auckland nach Christchurch zu reisen oder wenigstens (wenn kein passender Gabelflug gefunden wurde) dort das Fahrzeug zu verkaufen und per Inlandsflug nach Auckland zurückzukehren.

Wie kaufen und verkaufen?

Ein Autokauf läuft in jedem Land der Welt gleich ab: Angebote anschauen, nachfragen, unter Motorhauben blicken und fachmännisch auf Karossen klopfen. Eine Testfahrt sollte man auf jeden Fall machen. Wer nicht selbst Mechaniker ist, der tut sich natürlich schwer, hier ein sicheres Urteil zu fällen. Für 100 bis 200 NZD kann man in einer Werkstatt um eine *pre-purchase inspection* bitten, das sollte ungefähr zwei Stunden dauern.

In Neuseeland sind viele sehr alte und immer wieder notdürftig reparierte Fahrzeuge aus Fernost unterwegs, die jahrelang von immer anderen Reisenden gefahren werden. Nur mit viel Glück findet man ein Fahrzeug, das gerade erst vor kurzem auf den „Backpacker-Markt“ gekommen ist und noch seine Originalteile hat. Fahrzeuge, die älter sind als 20 Jahre, kommen nicht zum Kauf in Frage.

Checks am Fahrzeug für Laien

Testen:

- Springt der Motor sofort an und läuft rund?
- Klingt der Motor im Betrieb gesund?
- Funktionieren alle Sicherheitsgurte?
- Sind Lenkrad und Kupplung problemlos zu betätigen?
- Lassen sich alle Gänge mühelos einlegen?
- Funktionieren die Bremsen und die Bremslichter?
- Zieht die Lenkung in eine Richtung?
- Verliert das Fahrzeug Flüssigkeiten? (schwarz/braun = Motoröl oder Bremsflüssigkeit, rot = Getriebeflüssigkeit, grün = Kühler)
- Sitzen alle Reifen fest? Wie tief sind die Profile (mindestens 3 mm sollten es sein)?
- Sind unter dem Lack kleine Bläschen zu sehen? (Dann wurde wahrscheinlich Rost überstrichen; den AA-Check gibt es für etwa 100 NZD)

Nachfragen bzw. nachschauen:

- Was wurde laut Papieren und Rechnungen wann ausgetauscht (diverse Filter, Ölwechsel, ...)?
- Wie lang ist die Restlaufzeit der WOF-Plakette (idealerweise einige Monate länger, als man selbst reisen will)?
- Wie oft müssen Wasser und Öl aufgefüllt werden?
- Wie hoch ist der Verbrauch an Treibstoff?
- Ist das Auto mit Strafen oder Gebühren vom Vorbesitzer belastet? (schneller Check für 19,95 NZD auf www.motorweb.co.nz/)

Am einfachsten und günstigsten sind Toyota und Ford zu reparieren, weil es für diese Fahrzeuge die meisten Ersatzteile in Neuseeland gibt. Finger weg von Exoten – und auch von Fahrzeugen, die vor dem Kauf nicht in einer Werkstatt des NZAA gecheckt werden dürfen.

Auf keinen Fall sollte man ein Fahrzeug mit abgelaufener WOF-Plakette kaufen (siehe Kapitel 4.4)! Zwar bekommt man beim AA ohne große Probleme eine neue Plakette (sofern das Fahrzeug intakt ist), das kostet aber mehr als 100 NZD. Und: Eine gültige WOF-Plakette bedeutet nicht automatisch, dass das Fahrzeug in einem guten Zustand ist! Die *warrant of fitness* sichert nur ab, dass ein Fahrzeug keine Gefahr für andere Verkehrsteilnehmer darstellt.

Für jeden Gebrauchtwagenkauf und -verkauf braucht es ein paar Tage; diese Zeit muss natürlich in die Reisezeit einkalkuliert werden. Damit man nicht zu lange schaut und nach dem perfekten Angebot sucht, sollte man sich bereits vorher eine Frist setzen. Auch wenn die Optionen schlecht aussehen, muss man irgendwann eine Entscheidung treffen!

Verhandlungstipps beim Kaufen und Verkaufen

- Nie das erste Angebot machen; gute Einstiegssätze sind *„What is your best offer?", „What price do you have in mind?"*.
- Nie das erste Angebot annehmen (auch nicht, wenn es besser ist, als erhofft!).
- Schauspielern! Eine gute Reaktion auf ein Preisangebot ist ein erschrockenes Luftholen oder zumindest große, runde Augen: *„That much??"*.
- Das eigene Angebot niedriger halten, als man bereit ist zu gehen – damit Raum zum Verhandeln nach oben bleibt.
- Das Gegenüber verstehen: Verhandelt man mit anderen Reisenden, die ihr Fahrzeug dringend verkaufen müssen, kann man ihnen anbieten, sie mit dem Fahrzeug noch zum Flughafen zu bringen oder den Papierkram für sie zu erledigen – so haben beide Parteien einen Vorteil von dem Geschäft.
- In diesem Zusammenhang: Beim Verkaufen nicht das eigene Abflugdatum verraten! Das schwächt die Verhandlungsposition enorm.
- Keine falsche Scham: Anschauen und Verhandeln sind keine Kaufverpflichtung!

Das Wiederverkaufen eines Wohnmobils kann zu den anstrengendsten und schlimmsten Erfahrungen einer Neuseelandreise gehören und das Reisebudget im Nachhinein noch tief ins Minus ziehen. Das ist das Risiko am eigenen Fahrzeug: ob es den Fahrspaß und die Freiheit wert ist, muss jeder für sich selbst entscheiden.

Buyback als sichere Option

Einige wenige Agenten in Neuseeland verkaufen Campervans mit einer *buyback guarantee*; diese Beträge hängen stark davon ab, wie lange man den Campervan besitzen will. Grob geschätzt, kann man einen Betrag zwischen 40 und 60 Prozent des Kaufpreises erwarten. *Buyback-Anbieter* sind z. B. „Bedmobils" in Auckland oder „Cars2go" in Christchurch.

Der Vorteil: Kann man das Fahrzeug nicht privat verkaufen, steht die buyback-Garantie immer als Absicherung im Hintergrund.

Tipp: Eine halbe Stunde südlich von Auckland in Takanini sitzen Darren und Doro von „Kiwi Cruise Control" (www.kiwicruisecontrol.com). Der gelernte Automechaniker mit eigener Werkstatt und seine deutsche Partnerin helfen Reisenden beim Fahrzeugkauf und bei der Anmeldung und recherchieren auch vorab nach geeigneten Fahrzeugen. Für Vorsichtige bieten sie auch eine buyback-Option an.

Will man in Neuseeland eine größere Transaktion mit der Kreditkarte vornehmen, sollte man einige Wochen vor der Abreise seine Bank darüber benachrichtigen; einige Geldinstitute lassen nämlich ungewöhnlich hohe Abbuchungen vom anderen Ende der Welt vorsichtshalber erst einmal nicht zu. Eventuell muss auch der Kreditrahmen der Kreditkarte erhöht werden!

Daneben werden auch Überweisung, Barzahlung und Schecks in Neuseeland als übliche Zahlungsarten akzeptiert. Zu bedenken ist hier lediglich, dass Auslandsüberweisungen aus Deutschland nach Neuseeland einige Tage brauchen können und dass man an den meisten neuseeländischen Geldautomaten höchstens 800 NZD pro Tag abheben kann. Am Bankschalter werden ausländische Maestro-Karten überhaupt nicht akzeptiert, hierfür braucht man eine Kreditkarte.

Die Übergabe und das Umschreiben des Besitzers regelt nach dem Kauf (und nach dem Verkauf) das Personal der Automärkte. Nach einem Privatkauf (oder -verkauf) geht man einfach mit dem Geschäftspartner zur nächsten Post, wo die Überschreibung des Fahrzeugs binnen 20 Minuten erledigt ist.

4.4 Lizenzen und Gebühren für Wohnmobil-Fahrer

Eine „rego" an der Windschutzscheibe

Im Vergleich zu Deutschland ist der bürokratische Aufwand, der mit dem Erwerb oder dem Verkauf eines Fahrzeugs zusammenhängt, keine große Sache. Sämtliche Formalitäten von der Ummeldung auf den neuen Besitzer bis zur Bezahlung der jährlich anfallenden Straßengebühren können problemlos und ohne Aufwand in jeder Filiale der neuseeländischen Post oder bei der VTNZ („Vehicle Testing New Zealand Ltd.", ein Privatunternehmen mit Staatsauftrag) abgewickelt werden.

Ein Fahrzeug, das gebraucht gekauft wird, hat bereits eine **Registrierung** (erkennbar an den Nummernschildern); diese wird einmalig für ein Fahrzeug ausgestellt und muss dann an jeden neuen Besitzer übertragen werden.

Für die Übertragung des *ownership certificate* wird einfach vom Käufer des Fahrzeugs die Rückseite des Registrierungsbelegs ausgefüllt und mit einer Gebühr an die NZTA (New Zealand Transport Agency) übergeben. Der untere Teil des Formulars wird abgerissen und vom Verkäufer ausgefüllt und portofrei an die NZTA-Zentrale in Palmerston geschickt.

Achtung
Rechtliche oder finanzielle Belastungen eines Fahrzeugs gehen in Neuseeland automatisch auf einen neuen Besitzer über. Vor dem Kauf eines Autos oder Wohnmobils sollte man also überprüfen, ob noch unbezahlte Raten ausstehen und das Fahrzeug nicht im Zusammenhang mit Delikten von der Polizei gesucht wird.

Außerdem muss jeder Autobesitzer nachweisen können, dass er die Straßenzulassung für sein Fahrzeug bezahlt hat. Diese ***vehicle licence***, die ebenfalls an der Windschutzscheibe klebt, heißt im Kiwi-Slang *rego*. Ist die *rego* abgelaufen, kann sie bequem in jedem Post Office erneuert werden.

Die Kosten für die *vehicle licence* hängen von der Größe des Fahrzeugs, der Betankung und der Ausstellungsdauer der *rego* ab. Für sechs Monate Zulassung cincs normalcn Autos zahlt man z. B. ca. 26 NZD.

Um eine neue *rego* zu bekommen, braucht ein Fahrzeug zuerst den ***warrant of fitness*** (WOF), das Äquivalent zur deutschen TÜV-Plakette. Ohne diesen Sticker, der unten auf der Seite der Windschutzscheibe klebt, darf kein Fahrzeug auf neuseeländischen Straßen unterwegs sein.

Sobald ein Fahrzeug älter als drei Jahre ist, muss der WOF-Aufkleber alle sechs Monate erneuert werden. Beim Fahrzeugkauf sollte der WOF idealerweise noch über das geplante Verkaufsdatum hinaus gültig sein, da die Erneuerung des Stickers recht teuer ist. Wird ein Fahrzeug als „*as is, where is*" zum Kauf angepriesen, hat es höchstwahrscheinlich keinen gültigen WOF mehr.

Wohnmobile, die schwerer als 3,5 Tonnen sind, müssen eventuell stattdessen ein ***certificate of fitness*** (COF) erwerben. Keine Sorge: Jede Stelle, die eine WOF erteilt, weiß Bescheid, ob ein spezielles Fahrzeug stattdessen eine COF benötigt.

Road user charge bzw. *diesel tax recovery fee* müssen nur Besitzer von Diesel-Fahrzeugen und von schweren Trucks bezahlen. Dieser Treibstoff wird an der Tankstelle sehr niedrig besteuert, dafür muss alle 1000 Kilometer eine neue

Lizenz gekauft werden (Kosten: 4,80 NZD pro Lizenz online, 7,80 NZD bei Kauf am Schalter). Auch das ist bequem auf der Post möglich.

Fahrzeuge unter 3,5 Tonnen zahlen nach aktuellem Stand 62 NZD pro 1000 Kilometer, schwerere Wohnmobile zahlen 68 NZD pro 1000 Kilometer. Rechnet man diese Kosten auf den Diesel-Preis auf, ist Diesel nur noch unwesentlich günstiger als Benzin (*petrol*). Je mehr man fährt, desto mehr zahlt man auch drauf. Vielfahrer sollten das eventuell in ihre Kostenkalkulation einbeziehen, wenn es darum geht, welches Wohnmobil es werden soll.

All diese Lizenzen und Gebühren müssen natürlich nur erworben und bezahlt werden, wenn man ein Wohnmobil kauft oder verkauft. Fahrer von Mietfahrzeugen müssen all das nicht beachten; mit Ausnahme der *road user charge*, die auch für dieselbetriebene Mietfahrzeuge anfällt. Meist wird diese Gebühr beim Abgeben des Mietfahrzeugs anteilig errechnet und auf den Mietpreis aufgeschlagen.

4.5 Versicherungen für Wohnmobil-Fahrer

Es gibt drei Typen von Versicherungspolicen für Auto- und Wohnmobilfahrer in Neuseeland:

- **Third party property damage:** Diese Kfz-Haftpflichtversicherung ist beschränkt auf Sachschäden, die man mit seinem eigenen Fahrzeug an einem anderen Fahrzeug oder am Eigentum eines anderen verursacht. Schäden am eigenen Fahrzeug werden nicht abgedeckt. (Die „dritte Partei“ ist der Unfallgegner, während die „zweite Partei“ der Versicherer ist, der zwischen Partei eins und drei vermittelt.)
- **Third party, fire and theft insurance:** Zur Kfz-Haftpflichtversicherung kommen hier noch Schäden durch Diebstahl des eigenen Fahrzeugs sowie durch Feuer.
- **Comprehensive insurance:** Die Vollkasko-Versicherung deckt, wie der Name im Englischen gut verdeutlicht, (fast) alles ab, von Unfallschäden und Diebstahl des eigenen Fahrzeugs über selbst verschuldete und unverschuldete Schäden am Fahrzeug des Unfallgegners bis zu Kosten für Fahrzeugbergung und Abschleppen.

Die Kfz-Haftpflichtversicherung ist in Neuseeland im Gegensatz zu Deutschland freiwillig. Trotzdem fahren nur etwa acht Prozent der Neuseeländer unversichert. Wenn sie bei einem Unfall einer anderen Person Schaden verursachen, müssen sie Sach- und Vermögensschäden dann selbst bezahlen – wenn sie dazu finanziell in der Lage sind. Sind sie das nicht, hat der Geschädigte im Zweifelsfall Pech gehabt. Wer zu Hause ein Auto fährt, ist eventuell bereits über diese Kfz-Versicherung abgedeckt, wenn sie auch Mietfahrzeuge im nichteuropäischen Ausland einschließt (die Mallorca-Police genügt hierfür nicht!). In jedem neuseeländischen Kfz-Mietvertrag ist ohnehin eine Kfz-Versicherung mit einer Mindestdeckungssumme von 20 Millionen NZD enthalten; wer ein Wohnmobil mietet, muss sich über die Kfz-Haftpflicht dementsprechend keine Gedanken machen.

Jedem Autokäufer sei diese Versicherung dringend ans Herz gelegt. Ein Unfall mit hohem Sachschaden kann schnell Kosten im fünf- bis sechsstelligen Bereich verursachen; muss man diese selbst übernehmen, ist der Urlaub auf jeden Fall ruiniert!

Personenschäden werden bei Unfällen in Neuseeland generell durch die staatliche Unfallversicherung ACC getragen. Eine *third party property damage*-Versicherung, die Sachschäden des Unfallgegners abdeckt, genügt also prinzipiell, wenn man sich möglichst günstig versichern will und das eigene Fahrzeug nicht allzu viel wert ist.

Das „World Traveller Accomodation Network“, ein Netzwerk von Jugendherbergen, und der Anbieter „Traveller's Car Insurance“ haben günstige Kfz-Haftpflichtversicherungen für Neuseeland-Besucher ohne feste Adresse im Land und auch für kürzere Zeiträume (www.travellerscarinsurance.co.nz, www.bbh.co.nz). Die Selbstbeteiligung liegt bei 500 NZD, der Vertragsabschluss ist bequem online möglich. Auch in den „Backpacker's Car Markets“ können Haftpflichtversicherungen zu ähnlichen Preisen und Konditionen abgeschlossen werden.

Eine zusätzliche Feuer- und Diebstahlversicherung sichert den Diebstahl des eigenen Fahrzeugs oder Schäden durch Feuer ab. Achtung: Die Gegenstände, die sich beim Diebstahl im Inneren des Wagens befinden, deckt nur eine Vollkasko-Versicherung ab!

Preisbeispiele Kfz-Versicherungen:

- Kfz-Haftpflichtversicherung für drei Monate, jüngster Fahrer über 25 Jahre: 175 NZD
- Zusätzliche Feuer- und Diebstahlversicherung: 50 NZD
- Kfz-Haftpflichtversicherung für neun Monate, jüngster Fahrer über 25 Jahre: 240 NZD
- Zusätzliche Feuer- und Diebstahlversicherung: 70 NZD

Die Kfz-Haftpflichtversicherung zahlt jedoch nur für den Schaden des Unfallgegners, nicht den am eigenen Fahrzeug. Auch Schäden durch Diebstähle von Gegenständen aus dem Auto (ein in Neuseeland recht häufiges Problem) sind durch sie nicht abgedeckt. Hierfür wird eine Kaskoversicherung (*(fully) comprehensive insurance*) benötigt.

In **Mietverträgen** für Wohnmobile ist die Kasko-Versicherung bereits enthalten; die Vermieter behalten sich allerdings empfindlich hohe Selbstbeteiligungen aus, bevor sie selbst Schäden übernehmen (siehe Kapitel 4.6), und Schäden an der Windschutzscheibe, am Unterboden, an den Reifen oder durch Überschlagen des Fahrzeugs sind häufig von der Versicherungsabdeckung ausgeschlossen. Ein Blick ins Kleingedruckte der Versicherungsbedingungen ist hier beim Anbietervergleich sehr zu empfehlen!

Fahrer von **gekauften Wohnmobilen** müssen sich um die *comprehensive car insurance* bzw. *full cover car insurance* selbst kümmern. Nicht alle Versicherungsanbieter versichern Ausländer oder bieten zeitlich auf wenige Monate beschränkte Verträge an, manche unterscheiden nach der Herkunft des Fahrers (und verlangen z. B. höhere Beiträge, wenn man aus rechts fahrenden Ländern kommt) und andere verlangen die Zahlung einer Selbstbeteiligung.

Ist das gekaufte Fahrzeug nicht allzu wertvoll und will man vorrangig die im Campervan transportierten Gegenstände vor Diebstahl gesichert wissen, kann eine allgemeine Reiseversicherung sinnvoller sein.

4.6 Selbstbehalt-Ausschluss bei Miet-Wohnmobilen: sicher ist sicher?

Eine Vollkasko-Versicherung und eine Kfz-Haftpflichtversicherung sind bei allen neuseeländischen Miet-Wohnmobilen im Tagespreis enthalten. Diese decken selbst verschuldete Sachschäden am Campervan und an anderen Fahrzeugen ab sowie Personenschäden durch vom Fahrer verschuldete Unfälle. Im Fall, dass der Unfallgegner keine Kfz-Haftpflichtversicherung hat und den Unfall verursacht hat, übernimmt die Kasko-Versicherung des Vermieters ebenfalls die Zahlungen.

Die allermeisten Auto- und Wohnmobil-Vermieter sehen in den Mietbedingungen jedoch einen Selbstbehalt des Mieters vor – hat dieser dann einen Unfall mit dem gemieteten Fahrzeug, beschädigt es fahrlässig oder lässt es sich stehlen, muss er alle am Fahrzeug entstandenen Schäden bis zu einem gewissen Betrag selbst bezahlen, bevor die Kfz-Versicherung greift.

Achtung, Kosten!

Die Selbstbehaltszahlung wird **immer** fällig, egal, wer an einem entstandenen Schaden schuld ist. Außerdem wird der Selbstbehalt in der Regel nicht pro Mietdauer berechnet, sondern mit jedem entstandenen Schaden während der Mietzeit erneut.

Der Selbstbehalt bei den meisten neuseeländischen Vermietern liegt bei bis zu 7500 NZD – in der niedrigsten *liability*-Klasse, meist als *standard pack* bezeichnet. Gegen Zahlung eines höheren Tagesmietpreises kann dieser Selbstbehalt auf Beträge um die 2000 NZD, um 500 NZD oder ganz auf Null reduziert werden; das heißt dann je nach Vermieter *bonus pack*, *stress free package* oder *all inclusive rate*.

Besonders wir Deutschen wollen gern auf Nummer sicher gehen: Wenn nun wirklich etwas passiert? Auch wenn man gar nicht selbst schuld ist, kann man plötzlich auf einer heftigen Rechnung sitzen. Die Mitarbeiter der Wohnmobil-Vermieter bestärken Reisende erfahrungsgemäß in diesen Gedanken und bieten ihnen eine oder mehrere *liability reduction options*, also Senkungen oder eine Annullierung des Selbstbehalts, vor dem Unterschreiben des Mietvertrags erneut an.

Unfall mit einem Wohnmobil

Die Crux am günstigen Standard-Preis ist eine doppelte: Hier fährt man nicht nur auf Risiko – passiert etwas, sind ganz schnell 7500 NZD weg –, sondern der zu zahlende Selbstbehalt wird (bis auf wenige Ausnahmen; siehe Vergleichstabelle ab S. 152) bei Übernahme des Mietfahrzeugs als Kaution von der Kreditkarte abgebucht.

Gibt man das Wohnmobil unbeschädigt zurück, erhält man natürlich auch die Kaution wieder, aber während der Reise fehlen diese Dollars im Budget – ganz zu schweigen von den eventuell dafür anfallenden Kreditkartengebühren und dem Risiko von Wechselkursschwankungen bei Ab- und Rückbuchung (nicht zu verachten bei solch hohen Beträgen).

Der höhere Mietpreis ohne Selbstbehalt scheint nicht nur verlockend sicher, die Vermieter locken häufig noch mit zusätzlichen Vorteilen; Extraleistungen wie Campingmöbel oder die *diesel tax* sind dann inklusive. Ein genauer Blick in die Vertragsbedingungen zeigt jedoch, dass auch in diesen Rundum-sorglos-Paketen oft nicht jede Art von Schaden versichert ist!

Checkliste für das Kleingedruckte

- Wie hoch ist die Selbstbeteiligung?
- Gilt die Selbstbeteiligung pro Unfall oder für die gesamte Dauer der Fahrzeugmiete?
- Sind Fensterscheiben und Reifen im Versicherungsumfang enthalten? (Eine Wohnmobil-Windschutzscheibe kann leicht über 600 NZD kosten!)
- Sind Schäden abgedeckt, die am stehenden Fahrzeug entstanden? (In Neuseeland werden häufig Fahrzeuge auch auf Parkplätzen aufgebrochen!)
- Sind Schäden abgedeckt, die ohne Beteiligung anderer Fahrzeuge entstanden *(single vehicle damage)*? Oft sind die Zufahrten zu Campingplätzen explizit ausgeschlossen; abgelegene DOC-Campingplätze fallen dann automatisch von der Reiseroute!
- Sind Schäden abgedeckt, die beim Rückwärtsfahren *(reversing vehicles)* entstanden sind? (Ein Wohnmobil ist groß und schwierig zu manövrieren!)
- Wird nicht verbrauchter Treibstoff an auszutauschenden Fahrzeugen ersetzt?
- Zahlt man für die Tage, in denen man wegen einer Reparatur kein Wohnmobil hat, trotzdem den Tagespreis *(demurrage costs)*?
- Sind Schäden durch Tiere abgedeckt?
- Sind Nachtfahrten versichert?
- Sind Schäden am Dach und am Unterboden abgedeckt?
- Sind Feuer, Diebstahl und Einbruch versichert?

Generell ausgeschlossen von der Erstattung sind Schäden, die durch vorsätzliches Handeln oder beispielsweise unter Alkoholeinfluss entstanden sind oder solche, die durch die Missachtung der Mietbedingungen verursacht worden sind (Stichwort: Fahren auf *gravel roads*!). Schäden durch verlorene oder beschädigte Wagenschlüssel, Folgekosten von Unfällen wie Abschleppkosten und Übernachtungskosten sowie Schäden an Privatgegenständen, die durch den Unfall entstanden, deckt natürlich selbst das großzügigste Versicherungspaket nicht ab.

Anstatt einen wesentlich höheren Tagesmietpreis zu zahlen und das Risiko einzugehen, eventuell trotzdem für Schäden am Fahrzeug aufkommen zu müssen, bietet sich eine clevere Zusatzversicherung an: die **Selbstbehalt-Ausschluss-Versicherung**. Sie ersetzt dem Versicherten den Selbstbehalt, den er nach einem Schaden an den Fahrzeugvermieter bezahlen muss. Ausgeschlossen sind lediglich Reifenschäden, Schäden durch Unachtsamkeit, Fahrlässigkeit und Verstöße gegen die Mietbedingungen.

Normalerweise zahlt man für die Selbstbehalt-Ausschluss-Versicherung für Mietwohnmobile außerhalb Deutschlands einen Tagessatz von 5 bis 6 Euro; die Versicherungen gelten für Mietdauern bis zu 90 Tagen. In Australien und Neuseeland sind die Tarife entsprechend den höheren Selbstbehalten teurer; hier kostet die Versicherung 6,50 bis 9 Euro pro Tag.

Wer lange unterwegs ist, zahlt auch mehr; im Vergleich zu den Kosten der Selbstbehalt-reduzierten Mietpreise (die zwischen 30 und 99 NZD pro Tag (!) liegen können), ist das aber immer noch wesentlich günstiger. Zu beachten ist, dass der Wohnmobil-Vermieter die Selbstbeteiligung im Standard-Paket trotzdem von der Kreditkarte abbuchen wird; der Versicherungsvertrag besteht nur zwischen dem Mieter und dem Selbstbehalt-Ausschluss-Versicherer.

Anbieter für Selbstbehalt-Ausschluss-Versicherungen sind z. B. die Allianz Global Assistance und Hanse Merkur. Einige Wohnmobil-Anbieter und Reisebüros bieten diese Versicherungen inzwischen selbst an. Der große Vorteil: Diese Versicherungen sitzen in Deutschland, was die Kommunikation bei der Schadensabwicklung wesentlich vereinfacht, und sie können auch noch kurz vor Reisebeginn einfach übers Internet abgeschlossen werden.

Es gibt auch **Kreditkarten**, die eine CDW-Versicherung (deutsch als Kasko-Versicherung bezeichnet) beinhalten; ein Test der Stiftung Finanztest kam beim Vergleich von 40 Kreditkarten mit Reiseversicherungsangeboten zu einem ernüchternden Ergebnis. Man sollte also die Versicherungsbedingungen genau lesen und schauen, ob sich der Preis für diese Kreditkarten auch lohnt!

5. Wohnmobil-Wörterbuch A bis Z

Mit dem Wohnmobil direkt am neuseeländischen Strand

5. Wohnmobil-Wörterbuch A bis Z

Auf diese englischen Ausdrücke sollte man beim Lesen des Kleingedruckten besonders achten:

A

Airport/Hotel Transfer: Die meisten Wohnmobil-Vermieter holen ihre Kunden kostenlos mit einem Shuttlebus oder einem Taxi vom Flughafen ab und bringen sie nach Rückgabe des Fahrzeugs dorthin zurück. Da es wenig empfehlenswert ist, nach einem 24-stündigen Flug direkt in den Linksverkehr einzusteigen, sollte man nachschauen, ob auch ein kostenloser *hotel transfer* angeboten wird.

B

Baby Seat: Kindersitze für Kleinkinder von etwa neun Monaten bis drei Jahren (8 bis 18 Kilogramm); oft benutzt als generelle Bezeichnung für alle Autokindersitze (siehe Kapitel 10.3).

Berth: die Zahl der Passagiere, die in einem Wohnmobil schlafen können; nicht die Anzahl der Betten! Eine *berth* bedeutet zwar einen Sitzplatz mit Sicherheitsgurt für einen Erwachsenen, er kann aber unter Umständen nicht für Kinder oder bestimmte Kindersitze zugelassen sein.

Booking Deposit: Anzahlung, die man direkt bei der Buchung des Wohnmobils leistet. Die Höhe des Anteils am Gesamtmietpreis wird vom Vermieter bestimmt; bei Stornierung der Miete kann die Anzahlung unter Umständen vom Vermieter einbehalten werden!

C

Calendar Days: Als Miettag gilt fast immer ein Kalendertag; das heißt, auch wenn das Wohnmobil erst 18 Uhr abends abgeholt oder schon morgens um 6 Uhr abgegeben wird, gilt dieser Tag als voll zu bezahlender Kalendertag.

Custom made: eigentlich „maßgefertigt"; bezeichnet hier meist die selbst gebaute Inneneinrichtung von Campervans.

D

Demurrage: Ist ein beschädigtes Wohnmobil nicht mehr fahrtüchtig und muss repariert oder ersetzt werden, haftet der Verursacher des Schadens für diesen Verlust. Einige Vermieter verlangen die Zahlung des Tagesmietpreises vom Mieter auch, wenn das Wohnmobil gar nicht zur Verfügung stand.

Depot: Station des Wohnmobil-Vermieters, wo dieser vermietbare Wohnmobile zur Verfügung hält.

Dump Station: Entsorgungsstation für Wohnmobil-Brauchwasser und -Toiletten.

E

Electronic Brakeforce Distribution: EBD, elektronische Bremskraftverteilung; Sicherheitsausstattung hochwertiger Wohnmobile, besonders nützlich im Winter.

Excess: der im Mietvertrag vereinbarte Selbstbehalt, der vom Mieter des Wohnmobils immer selbst zu zahlen ist, bevor die Kfz-Haftpflicht- oder Kasko-Versicherung greift. Bei den meisten Vermietern liegt die Selbstbeteiligung zwischen 4500 und 7500 NZD.

F

Flex Rates: Mietraten, die jede Woche an die Situation der Nachfrage angepasst werden. Die Raten steigen, je näher das Mietdatum rückt. Mit Beginn der Mietdauer des Wohnmobils gilt die Flex Rate des ersten Miettages. Gegenteil: Standard Rates.

L

Liability: Höhe der Selbstbeteiligung des Wohnmobil-Mieters im Fall eines Unfalls.

Wohnmobilurlaub macht bei jedem Wetter Spaß!

LPG Gas Bottle: *liquefied petroleum gas* wird im Deutschen oft als Propan- oder Butangas bezeichnet; die Gasflaschen befeuern den Herd von Campervans und können an *refill stations* wieder aufgefüllt werden.

O

One Way Travel: Wohnmobil-Miete, bei der Anfang und Ende der Reise an verschiedenen Orten (*depots*) liegen. Für den Vermieter ergibt sich damit die Notwendigkeit der Rückführung (*relocation*) des Fahrzeugs, weshalb oft eine Gebühr (*one way fee*) dafür erhoben wird.

P

Passing Lane: zusätzliche Fahrspur, die auf engen Highways für einige hundert Meter das Überholen langsamer Fahrzeuge ermöglicht.

Powered Site: Stellplatz mit 240-V-Anschluss für das Wohnmobil, oft etwas teurer als reguläre Stellplätze.

R

Registration: Jedes Fahrzeug, das nach Neuseeland importiert wird, muss mit seinem Besitzer registriert sein. Bei jedem Eigentümerwechsel muss die NZTA binnen einer Woche informiert werden.

Road User Charge: eine Gebühr, die für alle Dieselfahrzeuge anfällt und nach gefahrenen Kilometern von der NZTA erhoben wird; im Mietpreis von Wohnmobilen ist sie nicht unbedingt enthalten. Wohnmobilbesitzer müssen die *diesel tax* sowieso selbst bezahlen.

S

Security Bond: Wer ein Wohnmobil mietet und nicht den hohen Mietpreis für absolute Schadensfreiheit bezahlen möchte, der erklärt sich bereit, alle entstehenden Schäden bis zu einem festgelegten Maximalbetrag (5000 oder 7500 NZD) selbst zu bezahlen, egal wie der Schaden entstanden ist. Um die Zahlung im Schadensfall sicherzustellen, buchen die meisten Vermieter diesen Betrag als Kaution (*bond*) von der Kreditkarte ab.

Self Contained: Wohnmobil mit eigener Bordtoilette und Wasserversorgung, das somit „autark“ ist; Voraussetzung für legales Freedom Camping.

Standard Rate: Basis-Mietpreis, der für eine feste Zeitdauer, meist eine Saison, gültig ist. Er wird am Beginn des Jahres festgelegt. Wenn die Mietdauer über den Wechsel einer Saison erfolgt, gilt von dem Tag an der neue Mietpreis. Gegenteil: *flex rate.*

Surcharge: zusätzlicher Betrag, der zu einem bereits festgesetzten Betrag hinzukommt (oft Kreditkarten- oder Verwaltungsgebühren).

T

Third Party: Versicherungsterminus, der im Wesentlichen die deutsche Haftpflicht meint: Die „dritte Person" ist ein Unfall- oder Schadensbeteiligter, *third party insurance* deckt die Kosten ab, die für die Entschädigung dieser dritten Person vom Schadensverursacher gezahlt werden müssten. Die Deckungssumme sollte so hoch wie möglich sein!

Transmission: Schaltung eines Fahrzeugs; entweder *automatic* oder *manual* mit selbst einzulegenden Gängen (*gears*) und Kupplung.

V

Valet Service: Extraservice einiger Wohnmobil-Vermieter wie kostenlose Bettwäschetausch und kostenlose technische Check-ups während der Mietdauer.

Vehicle Licence (*Rego*): jährlich zu zahlende Gebühr, mit deren Zahlung man sein Fahrzeug auf neuseeländischen öffentlichen Straßen benutzen darf. Die bezahlte Gebühr wird mit einer Plakette auf der Windschutzscheibe angezeigt.

Teil 2
Camping in Neuseeland

Neuseeland, das Naturparadies mit viel Gegend und wenig Bevölkerung, eignet sich hervorragend für Camping. Ob mit kleinem Zelt in freier Natur, weitab vom nächsten Haus, oder eher luxuriös mit Hot Pools und in Großstadtnähe – die Kiwis haben alles. Nicht umsonst: So können sie dem Nationalhobby „*enjoying the great outdoors*" am besten nachkommen. Auf Campingplätzen lernt man daher mit hoher Wahrscheinlichkeit nette Einheimische kennen.

Der typische neuseeländische Campingplatz ist in Privatbesitz, wird liebevoll gepflegt und bietet durchaus viel Gegenwert für seinen Preis – ganz im Gegenteil zu vielen günstigeren Hotels und Motels, die oft überhaupt nicht dem europäischen Standard entsprechen.

Das Klima auf den beiden Inseln ist mild, so dass das Schlafen „unter dem Sternenhimmel" über einen großen Teil des Jahres problemlos möglich ist; wer einen gut isolierten Campervan mit Standheizung sein eigen nennt, der muss auf Temperaturen gar keine Rücksicht nehmen und kann auch den Skiurlaub auf dem Campingplatz verbringen.

Während das ganze Land im Sommer mit kleinen Campervans, luxuriösen Wohnmobilen, selbst ausgebauten Schulbussen oder riesigen Caravan-Anhängern unterwegs ist, sieht man die aus Deutschland bekannten Zelte vergleichsweise selten. Da man nur mit dem Flugzeug anreisen kann, ist mitzubringendes Gepäck sehr beschränkt: ein Familienzelt mit Isomatten, bequemen Schlafsäcken und Kochausrüstung für alle sprengt die zulässigen Mengen bei Weitem.

Also lieber alles vor Ort kaufen? Campingausstatter in den großen Städten verkaufen zwar Zelte jeder Form und Größe und auch Campingausstattung, aber diese Dinge müssen um die halbe Welt importiert werden und sind entsprechend teuer. Billigware zu kaufen, ist nicht empfehlenswert – Schönwettercamping ist in Neuseeland nämlich wenig aussichtsreich. Bei „vier Jahreszeiten an einem Tag" sollte ein Zelt auch im Sommerurlaub den einen oder anderen Regenschauer und ordentlich Wind vertragen können.

Die meisten Reisenden in Neuseeland verzichten auf die Option „Zelt" und mieten oder kaufen einen Campervan. Die folgenden Ausführungen orientieren sich daher eher an den Bedürfnissen von Campervan-Campern.

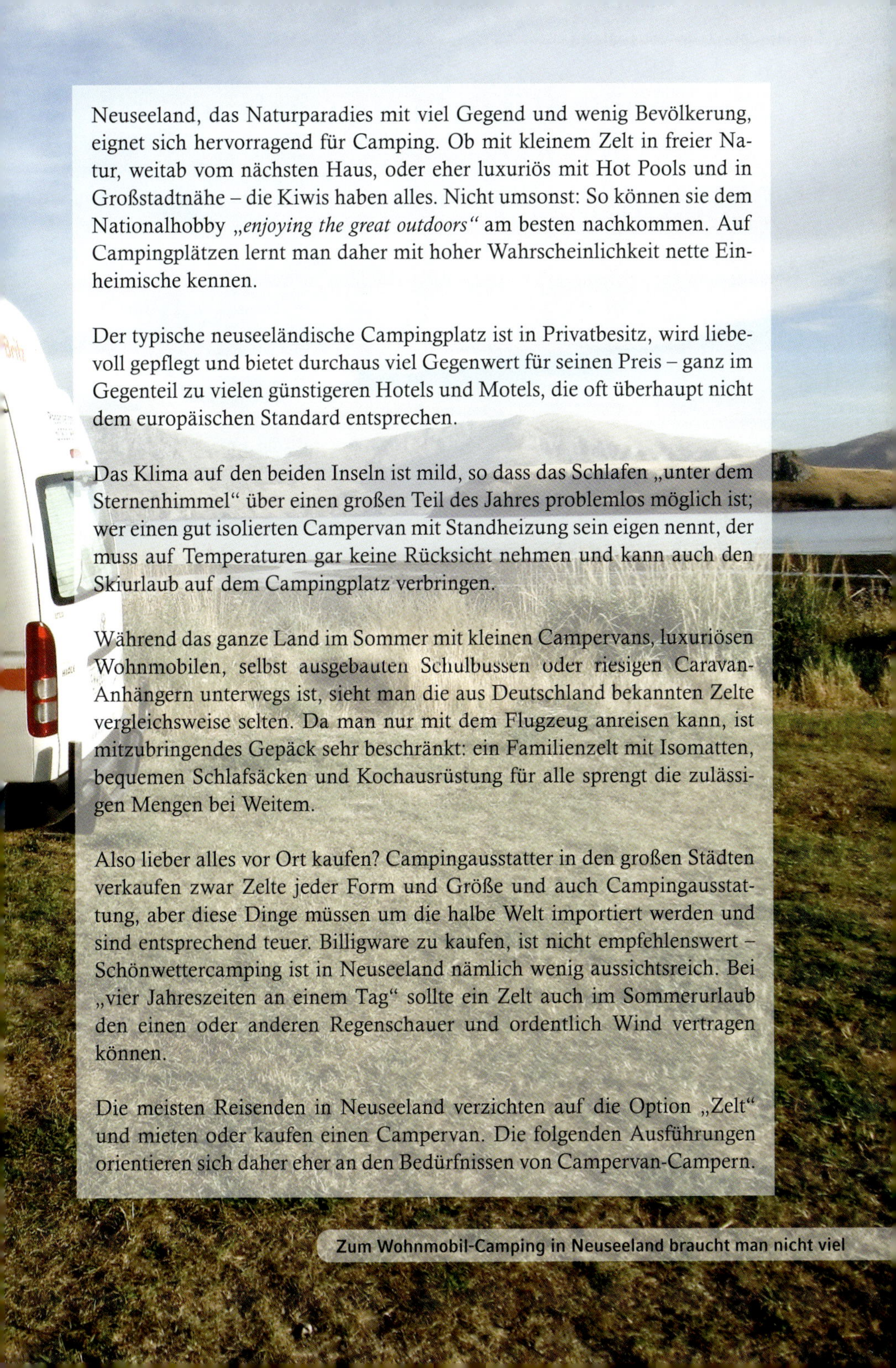

Zum Wohnmobil-Camping in Neuseeland braucht man nicht viel

6. Campingplätze in Neuseeland

Da Neuseeländer selbst so gern campen und das ganze Jahr über in der Natur unterwegs sind, ist das Land übersät mit *campsites*, *motorhome parks* und *holiday parks*. Die meisten befinden sich in Privatbesitz; daneben unterhält der Staat über sein Department of Conservation (DOC) (sozusagen die Naturschutzbehörde) ungefähr 200 *campsites* für Zelte und Campervans, und einige Gemeinden, vor allem Auckland und Wellington, bieten in ihren Regional Parks ebenfalls Stellplätze für Camper.

Campingplätze in Neuseeland können sehr unterschiedlich ausgestattet sein; es gibt für jedes Bedürfnis an Komfort und Ausstattung und auch für jeden Geldbeutel die passende Option. Stellplätze reservieren oder vorbuchen ist im Allgemeinen unnötig; das Angebot ist groß und selbst im Sommer ist meist genug Platz.

Nur wenn man in der absoluten Hochsaison zwischen Ende Dezember und Anfang Januar unterwegs ist, wenn ganz Neuseeland campen geht, und einen Platz auf einem ganz bestimmten Campingplatz möchte, kann es sich lohnen, zwei bis drei Tage vorher anzurufen. Im Großraum um Auckland, auf der Coromandel Peninsula und in der Bay of Plenty sind viele Plätze dann nicht nur teils doppelt so teuer wie sonst, sondern oft auch voll.

6.1 Private Campingplätze

Privat geführte *Motorhome* Parks bzw. *Holiday Parks* finden sich noch im abgelegensten Ort, meist kann man sogar zwischen mehreren Alternativen wählen. In Neuseeland gibt es ungefähr 400 privat betriebene Campingplätze; drei Viertel davon sind Mitglied in der ‚Holiday Parks Association NZ", bieten also zuverlässig geprüfte Qualität (zu erkennen an dem Logo mit dem Blatt).

holidayparks
ASSOCIATION OF NEW ZEALAND

Quality Assured
qualmark

Campingplätze von besonders guter Qualität erkennt man am *Qualmark*-Logo (das typisch neuseeländische Farnblatt); dieses Siegel wird von unabhängigen Gutachtern für herausragende Sicherheit, Ausstattung und Kundenservice verliehen; ein eigenes Umwelt-Gütezeichen von Qualmark, den „Enviro-Award", gibt es ebenfalls. Aktuell führen etwa 180 Campingplätze dieses Siegel.

Neben zahlreichen kleineren, von Familien betriebenen Campingplätzen gibt es in Neuseeland auch immer mehr Franchisenehmer: 5-Sterne-Komfort (zum entsprechenden Preis) bieten die 45 „Top Ten Holiday Parks", die 16 „Family Parks" legen besonderen Fokus auf Familien mit Kindern und bieten 3-Sterne-Komfort und schließlich gibt es noch ungefähr 50 „Kiwi Holiday Parks", die eine „authentische Erfahrung" in Neuseeland versprechen.

Auch die privat und oft im Familienbetrieb geführten Campingplätze sind aber nicht zu verachten; vielleicht nicht ganz so riesig, topmodern und mit Hightech ausgestattet, bemüht man sich doch fast überall sehr um die Gäste. Das bemerkt man besonders in der Nebensaison, wenn sich die Besitzer Zeit für jeden Gast nehmen, ein Schwätzchen halten und Tipps für Ausflüge in der Umgebung geben. Die typische Kiwi-Kreativität bekommt man hier ebenfalls oft zu sehen – witzig bis verrückt gestaltete Sanitärgebäude, liebevoll angelegte Gärten oder Streichelzoos für die Kinder sind keine Seltenheit.

Gemeinschaftsküche eines privaten Campingplatzes in Balclutha

Welche Ausstattung man auf einem privat geführten Campingplatz erwarten kann, variiert wirklich sehr stark (ein Indiz ist immer der Preis!): Immer dabei sind Stellplätze mit und ohne Stromanschluss, einige Picknickbänke, eine Gemeinschaftsküche mit Kochgelegenheit, ein sauberer Sanitärtrakt mit heißen Duschen, mehrere Waschmaschinen (dito), eine kostenlose *dump station* (siehe Kapitel 3.1) und ein Klettergerüst oder ein Trampolin.

Die besseren Kandidaten verzaubern ihre Gäste mit Traumlagen, vollständig ausgestatteten Küchen mit Tiefkühltruhen, Frühstücksterrasse und BBQ-Grill, in die man nicht einmal mehr ein Messer mitbringen muss, kuscheligen Gemeinschaftsräumen mit Fernseher und Büchern, tollen Spielplätzen für die Kinder und natürlich WLAN auf dem ganzen Platz.

Gäste ohne Zelt oder Wohnmobil kommen ebenfalls günstig unter; oft gibt es eine ganze Reihe von festen Unterkünften, von auf dem Platz stehenden Wohnwagen über schlichte Vierbett-*Cabins* mit Stockbetten bis zu luxuriösen *Motel Units* mit eigenem Bad und Küche (*self contained*), in denen bis zu acht Personen Platz finden.

Die Preisgestaltung ist fast überall gleich: Die Grundgebühr umfasst eine Übernachtung mit dem Campervan für zwei Personen – wird Stromversorgung gewünscht, ist die Gebühr meist 2 bis 5 NZD höher. Kinder zahlen extra; auf einigen Campingplätzen ab dem Schulalter (das sind in Neuseeland 5 Jahre), auf anderen wie den „Top Ten Holiday Parks“ bereits ab einem Jahr. Ab 14 gelten sie als Erwachsene.

Warme Duschen sind entweder im Übernachtungspreis inbegriffen oder man muss extra bezahlen; meist bekommt man dann für 50 Cent oder auch 1 NZD fünf Minuten Duschzeit. Viele Campingplatz-Betreiber rechtfertigen das mit der Wasserknappheit in ihrer Gegend oder führen Umweltschutzgedanken an.

Die Preise sind stark abhängig von der Reisezeit: In der *peak season* liegen sie in beliebten Feriengebieten teilweise bis zu 50 Prozent höher; dann zahlt man für eine Übernachtung mit Zelt bis zu 80 NZD pro Nacht. Achtung: In den meisten Reiseführern werden die Preisangaben aus der *shoulder season* zitiert; da die Preise in Neuseeland kontinuierlich steigen, sollte man bei der Planung vorsichtshalber etwas mehr einkalkulieren oder direkt auf den Websites der Campingplätze nachschauen.

Privat geführte und Franchise-Campingplätze liegen in der Regel an zentral erreichbaren Stellen, oft direkt neben Touristenattraktionen oder gut erreichbar an den großen Highways. Abgelegene (und günstige) Geheimtipps gibt es natürlich – einfach die Neuseeländer nach ihren Empfehlungen fragen und abseits der Hauptstraßen nach Campingplätzen Ausschau halten. Eine Auswahl empfehlenswerter privater Campingplätze ist im Anhang aufgelistet.

6.2 Staatliche Campingplätze: DOC-Campsites

Im Gegensatz zu den privat geführten Campingplätzen, die ihren Gästen ein möglichst großes Maß an Komfort bieten wollen, findet man auf den über 250 staatlich geführten (oder verpachteten) Campsites des DOC nur eine sehr grundlegende Ausstattung – dafür aber viel unberührte Natur, Ruhe und Abgeschiedenheit. Wer sein Wasser aus dem Fluss schöpfen, sein Geschäft auf einer *long drop toilet* verrichten und ein paar Tage lang auf Stromanschluss, Internet und Duschen verzichten kann, der bekommt für wenig bis gar kein Geld einen Stellplatz mit Traumblick.

DOC-Campsites liegen oft mitten in den National Parks, gern weitab vom Schuss und sind mitunter sogar nur zu Fuß oder nur vom Wasser aus erreichbar. Große Wohnmobile schaffen es oft gar nicht über die engen oder schlecht erhaltenen Zufahrtsstraßen (mitunter ist ihnen die Anfahrt direkt verboten) und einige Campsites haben überhaupt nur vier Stellplätze, weshalb es dort auch in der Hauptsaison eher beschaulich zugeht.

DOC-Campsite in der Puriri Bay nahe Whangarei

Mit Campervan zahlt man hier genauso viel wie mit Zelt – die Preise gelten allein für die anwesenden Personen.

Was ist eine „long drop toilet"?

In abgelegenen Gegenden und Naturschutzgebieten ist es nicht zweckmäßig und auch nicht sinnvoll, Wasser- und Abwasserleitungen zu verlegen. Bei *long drop toilets* fällt das „Geschäft" einfach nach unten in eine Sammelgrube, so dass nichts ins Grundwasser gelangt. Ein Belüftungssystem, das am besten funktioniert, wenn die Toilettentür und der Toilettendeckel immer geschlossen sind, sorgt dafür, dass man tatsächlich überraschend wenig davon riecht – und auch die Fliegenpopulation hält sich in Grenzen.

Die Toiletten des DOC sind übrigens – wie alle anderen öffentlichen Toiletten in Neuseeland – unter Reisenden international berühmt für ihre Sauberkeit. Egal, wie einsam seine Lage und wie „urig" ein Toilettenhäuschen aussehen mag, es wird immer ordentlich, sauber und mit einer frischen Rolle Klopapier ausgestattet sein.

DOC-Campsites werden in vier **Preis- und Ausstattungskategorien** geführt.

- **Basic:** einfache Toilette (*long drop* ohne Wasserspülung), evtl. Picknickbank, Wasser aus Tank, Fluss oder See, kein Strom, keine Mülltonne, keine *dump station*; Camper müssen sich komplett selbst versorgen können und Müll wieder mitnehmen. Kosten: keine.

- **Standard:** einfache Toilette (*long drop* oder kompostierend, ohne Wasserspülung); keine *dump station*; evtl. Wasserhahn, kalte Duschen, Feuerstelle, Picknickbänke, Kochgelegenheit (ohne Ausstattung), Mülltonne. Kosten: pro Nacht 6 NZD Erwachsener/3 NZD Kind (ab 5 Jahre).

- **Scenic:** Lage in belebten Küstenregionen, keine *dump station*; Toiletten und Wasserversorgung, kalte Duschen, Feuerstelle, Picknickbänke, Kochgelegenheit (ohne Ausstattung), Mülltonne. Kosten: pro Nacht 10 NZD Erwachsener/5 NZD Kind.

- **Serviced:** Ausstattung vergleichbar mit privat geführten Holiday Parks; WC und Wasserversorgung, warme Duschen, Küche, Müllentsorgung, Zufahrt für alle Fahrzeuge; evtl. *dump station*, Waschmaschinen, BBQ, Küchengeräte und Picknickbänke. Kosten: pro Nacht 15 NZD Erwachsener/7,50 NZD Kind.

Auch am Moke Lake gibt es eine DOC-Campsite

Long drop toilet auf einem DOC-Campingplatz

Serviced campsites sind die einzigen DOC-Campsites, bei denen man einen Stellplatz reservieren kann – was man in der Hauptsaison auch tun sollte. Für einen Platz auf der bei Neuseeländern extrem beliebten DOC-Campsite Totaranui Bay im Abel Tasman National Park muss man sich schon Monate vorher über das Internet bewerben – die 850 Stellflächen werden verlost!

Alle anderen DOC-Campsites (und das ist die Mehrzahl) vergeben ihre Plätze nach der uralten Methode: *first come, first serve* (Deutsch etwa: Wer zuerst kommt, mahlt zuerst). Das ist auch gar nicht anders möglich, denn außer auf den *serviced campsites* wird man auf keiner DOC-Campsitc cincn Angestellten antreffen, der sich um das Einchecken der Gäste kümmern könnte. Besucher müssen sich selbst anmelden, indem sie auf einem bereitliegenden Briefumschlag ihre Daten angeben, das Geld für die Übernachtung(en) passend hineinlegen und eine Quittung für ihre Windschutzscheibe herausnehmen. Ist nicht genug Kleingeld vorhanden, kann man bis zum nächsten Morgen warten.

Spartipp

Wer mit einem Miet-Wohnmobil unterwegs ist, der kann mit einem sogenannten „*campsite pass*" bis zu 50 Prozent sparen. Der Pass, den man beim Abholen seines Campervans kauft, gilt von der „Aktivierung" (Einsetzen des Startdatums in den Pass) sieben Tage lang auf vielen DOC-Campsites, auch auf verschiedenen! Will man verlängern, kauft man einen weiteren *campsite pass*.

Ein Pass für zwei Personen kostet 40 NZD, ein Familienpass (2 Erwachsene und bis zu 2 Kinder) kostet 60 NZD; teilnehmende Vermieter sind Lucky Rentals, Jucy Rentals, Spaceships, STA Travel und einige kleinere Vermieter. *Serviced campsites* akzeptieren den Pass nicht.

Totaranui Bay im Abel Tasman National Park: Auch hier gibt es eine DOC-Campsite

Spätestens dann kommt der *care-taker*, kontrolliert die ausgelegten Quittungen, sammelt die gefüllten Briefumschläge ein, reinigt die Toilette und sieht nach dem Rechten. Ein Kartenzahlgerät hat der Warden nicht dabei!

Morgenmuffel sollten lieber abends bezahlen: Die meisten Wardens sind Frühaufsteher und klopfen so lange hartnäckig an die Campervan-Fenster, bis man aufwacht.

6.3 Regional Parks

Schließlich gibt es noch zahlreiche schöne Campingplätze in den Regional Parks verschiedener Regional Councils (so etwas wie Regionalräte). Am bekanntesten sind die 34 Auckland Regional Parks im Großraum um Auckland – dieser erstreckt sich von den Waitakere Ranges im Westen über den Firth of Thames im Süden bis nach Pakiri im Nordosten –, auf denen 44 Campsites Übernachtungen mit Zelt und Wohnmobil ermöglichen. Die 14 Greater

Tawharanui Regional Park

Wellington Regional Parks, die sich von der Hauptstadt bis nach Paekakariki im Norden und zum Lake Wairarapa im Nordosten verteilen, bieten insgesamt vier Campsites.

Die Ausstattung dieser Campsites ist mit der von Standard DOC-Sites vergleichbar, die Preise sind es ebenfalls: In Wellington Regional Parks zahlt man pro Nacht und Person 6 bzw. 3 NZD, in den Auckland Regional Parks zahlt man 15 bzw. 6 NZD, auf den kleineren Campsites nur 8 bzw. 4 NZD.

Anders als auf den DOC-Campsites soll man die Campsites der Regional Councils vorbuchen: Das funktioniert per Anruf oder per E-Mail. Außerhalb der Hochsaison genügt es, während der Öffnungszeiten im Büro des *care-taker* vorzusprechen, das vor dem abgezäunten Gelände der Campsite liegt. Ist keiner da, ruft man vom dort zugänglichen Telefon aus die Zentrale an. Diese verlangt die Durchgabe der Kreditkartendaten oder schickt einen *care-taker* vorbei, der die Gebühren in bar kassiert. Außerdem erhält man nun einen Zahlencode, mit dem sich das Einfahrtstor zur Campsite öffnet.

7. Wissenswertes und Tipps

DOC-Campsite Tapotupotu Bay

7. Wissenswertes und Tipps

7.1 Campingplätze suchen und finden

Campingplätze sind über ganz Neuseeland verteilt; normalerweise muss man nicht lange fahren, um einen zu entdecken. Die DOC-Campsites sind dagegen eher versteckt in den National Parks oder im *bush* angelegt.

Viele Straßenkarten verzeichnen Motorhome Parks (also Campingplätze mit Stellplätzen für Wohnmobile) sowie *dump stations*; genauere Anfahrtsbeschreibungen und detaillierte Informationen zu Ausstattung und Preisen listen der „AA Accommodation Guide“ des neuseeländischen Automobilclubs und das „Jason's Book Holiday Parks and Campgrounds“ auf. Diese handliche Broschüre liegt auf vielen Campingplätzen und in den Touristen-Informationen (i-Sites) kostenlos zum Mitnehmen aus. Sie werden jedes Jahr aktualisiert und verzeichnen fast alle privat geführten Campingplätze und viele DOC-Sites.

Das DOC selbst gibt zwei regelmäßig aktualisierte Verzeichnisse aller DOC-Campsites, getrennt nach Nord- und Südinsel, heraus. Man kann sie in den DOC-Offices mitnehmen oder als PDF-Dateien von der DOC-Website herunterladen (Link: http://www.doc.govt.nz/parks-and-recreation/places-to-stay/conservation-campsite-information/campsites-brochures/).

Natürlich gibt es auch Apps für den modernen Reisenden: „CamperMate“ ist eine kostenlose App für iPhone und Android, die fast alle Campingplätze in Neuseeland verzeichnet und außerdem die Suche nach Tankstellen, Toiletten und *dump stations* erlaubt. Ebenfalls kostenlos und unterstützt von einer umfassenden Ranking-Website für alle Arten von Unterkünften, Campervan-Vermietern und Aktivitäten, ist die App von Rankers.co.nz, die für Android und iPhone „Official Camping NZ“ heißt.

Vor dem Einchecken auf dem gesuchten und gefundenen Campingplatz empfiehlt sich ein kurzer Rundgang über den Platz, denn nicht immer sieht die Realität so aus wie die Fotos auf der Website. Die *care-taker* an der Rezeption verteilen gern Lagepläne, auf denen sie auch markieren, wo sich freie Stellplätze befinden.

Ein ausschlaggebendes Kriterium für die Wahl eines Campingplatzes ist die Lage; die kann in Neuseeland so großartig sein, dass sie andere Kriterien wie den Preis oder die Ausstattung in den Schatten stellt. Viele Basic DOC-Campsites bieten nicht viel mehr als eine grandiose Aussicht und absolute Einsamkeit – mindestens einmal sollte man das probieren und über das Fehlen von WC, Stromanschluss und Spielplatz hinwegsehen.

Über unsaubere Waschräume oder eklige Toiletten kann man sich in Neuseeland fast nie beschweren. Ob ein Campingplatz das gewisse Etwas hat, zeigt sich eher an der Gestaltung des Platzes und der Ausstattung von Gemeinschaftsküche und Aufenthaltsraum. Je schlichter der eigene Campervan ausgerüstet ist und je weniger Platz er bietet, desto wichtiger ist dieses Kriterium – vor allem bei schlechtem Wetter.

Fragen an einen guten Campingplatz

- Wie viele Stellplätze sind noch frei?
- Wo liegen *powered* und *unpowered sites*?
- Sind die Stellplätze schattig und windgeschützt?
- Wie viel Platz ist zwischen den Stellplätzen?
- Gibt es eine freie Picknickbank zum Essen in der Nähe des Stellplatzes?
- Wie ist die Gemeinschaftsküche (*communal kitchen*) des Campingplatzes ausgestattet?
- Gibt es einen Aufenthaltsraum (*communal room*), wie ist er ausgestattet?
- Wie modern und funktionstüchtig sehen die Waschmaschinen und Trockner aus?
- Wie weit sind die sanitären Anlagen entfernt? Wann werden sie gereinigt?
- Sind warme Duschen kostenlos oder muss man sie extra bezahlen (metered)?
- Gibt es Waschgelegenheiten mit Privatsphäre, wenn man nicht duschen will?
- Gibt es einen Fön?
- Ist der Platz kindersicher (eingezäunt, nicht direkt am Highway)?
- Gibt es einen Spielplatz, wie ist er ausgestattet?
- Gibt es einen Pool und wenn ja, ist er beheizt?
- Hat der Pool einen separaten Kinderbereich?
- Gibt es Internet-Zugang über WLAN oder nur an einem fest installierten PC?
- Ist WLAN von allen Stellplätzen zugänglich?
- Wann ist Check-out und wie streng wird die Einhaltung dieser Zeit angemahnt?

Kinder müssen fast nie auf eine Spielgelegenheit verzichten; mindestens ein altes Trampolin ist eigentlich immer vorhanden und auch einen Swimmingpool findet man zumindest auf der Nordinsel fast überall vor. Aber auch wenn nicht: Oft ist die Umgebung der Campingplätze so reizvoll (Bachufer, Wiesen, Esel oder zahme Enten), dass die Kinder gar keine Bespaßungsanlage brauchen. Mehr zum Thema kinderfreundliche Campingplätze findet sich in Kapitel 10.6.

7.2 Tipps für die Campingausrüstung

Soll es wirklich ein Zelt sein, dann müssen vor allem Gewicht und Packmaß stimmen, damit man es ohne heftigen Zuschlag für Übergepäck ins Land bekommt. Als Alternative ist es natürlich möglich, ein Zelt in Auckland oder Christchurch zu kaufen und es am Ende der Reise an andere Backpacker zu verkaufen – das kann funktionieren. Ein neu gekauftes Zelt sollte vor der „richtigen" Nutzung allerdings gründlich geprüft werden. Ein bis zwei Übernachtungen in sicherer Nähe sind zu empfehlen, damit man im schlimmsten Fall schnell im Geschäft um Nachbesserung oder Umtausch bitten kann.

Die Einfuhr von Pflanzen- und Tierresten aller Art wird in Neuseeland sehr streng überprüft: Wer mit einem Zelt einreisen möchte, wird garantiert erst einmal zur Seite gebeten. Ist das Zelt nicht originalverpackt, wird mit hoher Wahrscheinlichkeit alles ausgepackt und sicherheitshalber gereinigt – das kann über eine Stunde dauern!Genauso verfahren die Beamten der „Biosecurity" übrigens mit Wanderschuhen, an denen sichtbarer Schmutz haftet. Und dass man die Frage auf der Passenger Arrival Card „Waren Sie in den letzten sechs Wochen im Wald?" verneinen sollte, ist klar!

Eine hohe Wassersäule (mindestens 5000, besser 8000 Millimeter) und gute Windfestigkeit sind im neuseeländischen Wetter zentral. Da man in Neuseeland in der Regel nur wenige Tage an einem Ort bleibt, sollte das Zelt außerdem einfach auf- und abzubauen sein. Schließlich muss natürlich genug Platz für alle Mitreisenden und das Gepäck sein (mindestens einen Schlafplatz zusätzlich einkalkulieren!). Isomatten für Erwachsene sollten selbstaufblasend sein, alles andere sorgt langfristig für wenig Vergnügen. Kinder können auch auf den dünneren Evazote-Isomatten schlafen. Von Luftmatratzen sollte man Abstand nehmen: Sie isolieren kaum gegen Kälte von unten und sind nicht wirklich bequem.

Ein Schlafsack kann durchaus auch für den Urlaub im Campervan eingepackt werden – will man nicht im Winter reisen, genügt allerdings ein Temperaturbereich bis fünf Grad, sonst schwitzt man zu schnell. Eiförmige Schlafsäcke sind übrigens bequemer und atmungsaktiver als Mumienschlafsäcke. Für die Verwendung im Wohnmobil empfehlen sich Deckenschlafsäcke aus Baumwolle. Die sind zwar etwas schwerer, sie fühlen sich aber viel angenehmer an, rascheln nicht so furchtbar und rutschen nicht weg. Ist es warm genug, kann man sie komplett aufzippen und als Decke verwenden.

Fast alle Campingplätze in Neuseeland haben eine Gemeinschaftsküche, einen Kocher braucht man daher nur für mehrtägige Wanderungen und Basic DOC-Campsites. Die auswechselbaren blauen Schraubkartuschen, die auf in Europa gekaufte Gaskocher passen, kann man in Neuseeland nicht nachkaufen; auf Vorrat mitnehmen geht aber auch nicht, weil die Beförderung mit dem Flugzeug verboten ist. Einen Gaskocher sollte man daher besser erst in Neuseeland kaufen. Anders bei Benzinkochern: Gründlich gereinigt (es darf kein Benzingeruch wahrnehmbar sein!), kann man sie mit ins Flugzeug nehmen und Brennstoff gibt es an jeder Tankstelle.

Achtung: Das Reparaturset und die Anleitung für Benzinkocher immer mitnehmen! Fehlt ein Ersatzteil, kann es Wochen dauern, bis es nach Neuseeland verschickt wird.
Mehr Packtipps finden sich im **Anhang.**

Kleidungstipps für den Campingurlaub

- Alle Kleidungsstücke sollten möglichst wind- und wasserfest sein und schnell trocknen (Softshell, Windstopper, Fleece und Kunstfaser statt Wolle und Daunen)
- Schlafanzüge ein wenig wärmer als gewohnt wählen (im Campervan ist es kühler als im Haus) und präsentable Modelle einpacken; nachts läuft man darin unter Umständen über den Campingplatz!
- Regen- oder Matschkleidung und Gummistiefel für alle
- Taschen- oder Stirnlampe für nächtliche Erledigungsgänge

7.3 Waschen auf Campingplätzen

Fast jeder privat betriebene Campingplatz in Neuseeland bietet einen eigenen *laundry*-Raum mit (mindestens) einer Waschmaschine und einem Trockner. Fast immer sind es Toplader mit 6-kg-Trommeln. Achtung: Anders als bei den in Deutschland gebräuchlichen Frontladern füllt man hier zuunterst das Waschmittel ein (das manchmal bereitgestellt wird, manchmal auch nicht), dann wird die Wäsche daraufgelegt. Einmal Waschen kostet zwischen 1 und 4 NZD, eine Runde Trocknen ebenfalls.

Die meisten Maschinen sind keine technischen Wunderwerke: Die Programmwahl ist meist auf *cold wash*, also 30 Grad, bei Durchlaufzeiten von 30 bis 60 Minuten beschränkt. Stark verschmutzte Kleidung wird so nicht sauber! Das ist allerdings kein Campingplatz-Problem: In den meisten öffentlichen Waschsalons stehen die gleichen Waschmaschinen mit den gleichen Programmen.

7.4 Kochen auf Campingplätzen

Wer im Wohnmobil reist, der hat es schon mal besser als ein Zelt-Camper, wenn es ums Kochen geht. Trotzdem: Mit nur einer oder zwei Gas-Kochplatten und sehr wenig Platz für die von zu Hause gewohnte Küchenausstattung samt Zutaten und Gewürzen kann das Zubereiten einer leckeren Mahlzeit eine Herausforderung werden. Zum Glück bieten Neuseelands Campingplätze hier wahrhaft luxuriöse Gegebenheiten: Wer nicht im engen Campervan mit einer Pfanne ein Gericht für vier Personen zusammenrühren will, der kann ohne Probleme in geräumigen, im Regelfall umfassend ausgestatteten Gemeinschaftsküchen gemeinsam mit anderen Campern kochen (und abspülen natürlich auch).

Achtung, es stinkt!
Auf Campingplätzen in Küstennähe oder an Seen finden sich oft Kühlschränke, die mit dem Schild „*bait only*" versehen sind. Wer sie öffnet, riecht schnell, was das bedeutet: Hier sollen nur Angelköder aufbewahrt werden, deren strenger Geruch normale Speisen ruinieren würde.

Traumhafter Ausblick beim Spülen

Die meisten privat betriebenen Campingplätze haben *communal kitchens* mit mehreren Gasherden, Kühlschränken, Gefriertruhen und Spülbecken. Oft gesehene Zusatzausstattungen sind Mikrowellen, Wasserkocher oder Heißwasserboiler, die sofort kochendes Wasser für den *afternoon tea* bereitstellen, BBQ-Grills, Küchengeräte und -geschirr sowie *left overs* wie angebrochene Salzpäckchen, Ölflaschen oder Cornflakes-Packungen, die allgemein verwendet werden dürfen. Um die Gemeinschaftskühlschränke benutzen zu können, empfiehlt sich der Kauf einer Isoliertasche, die es in allen Supermärkten gibt; diese wird mit dem Namen versehen und gefüllt in den Kühlschrank gestellt.

Wer trotzdem lieber im Wohnmobil kochen möchte – auf den DOC-Campsites hat man diesbezüglich ja sowieso meist keine Wahl – der sollte folgende Grundregeln befolgen:

- Nichts im Wohnmobil zubereiten, was beim Kochen oder Braten spritzt oder stark riecht (Fisch, Knoblauch)
- Keine Gerichte zubereiten, die mehr als zwei Töpfe benötigen
- Nichts zubereiten (statt kochen), was mehr als 15 Minuten kochen, backen oder dämpfen muss (Brühwürfel statt Fonds verwenden, Zutaten so klein wie möglich schneiden)
- Nichts kochen, was stark verklebtes oder verschmortes Kochgeschirr nach sich zieht

Die Gasflasche im Campervan hält auch bei täglichem Kochen recht lange durch; mindestens drei Wochen sollte man locker mit einer Füllung hinkommen. Die Mikrowelle kann nur genutzt werden, wenn das Wohnmobil an eine externe 240-Volt-Stromquelle angeschlossen ist!

Rezeptideen für platz- und zeitsparendes Kochen im Wohnmobil

- **Green lipped mussels:** geschlossene Muscheln (aus dem Supermarkt oder selbst gesammelt) waschen und putzen, Zwiebeln anbraten, Muscheln mit etwas Wasser und Weißwein hinzufügen und etwa drei Minuten dünsten; nicht geöffnete Muscheln wegwerfen! Dazu Toastbrot
- **Tabboulé:** Couscous mit kochendem Wasser übergießen, etwa fünf Minuten ziehen lassen, viel gehackte Petersilie, Gemüse des Tages oder Rosinen und Apfelstücke einrühren. Raffinierte Variante: Zwiebeln oder Knoblauch mit Kreuzkümmel kurz anbraten
- **Grießbrei:** Grieß in kochende Milch einrühren und etwa drei Minuten ziehen lassen, mit Butter, Apfelmus oder Obst aus dem Glas verfeinern
- **Tomatensuppe:** Tomatenstücke aus der Dose würzen und aufkochen, Nudeln oder Reis darin ziehen lassen, bis sie weich sind, evtl. angebratene Wurst oder Zwiebeln einrühren
- **Pasta** mit Pesto-Sauce
- **Pasta mit Tomatensauce und Käse:** Sauce nach Belieben verfeinern mit Gemüse des Tages, Wurstwürfeln, Sardinen aus der Dose etc.
- **Gemüsereis:** Reis ca. zehn Minuten kochen, zusammen mit Hackfleisch, Ei oder Meeresfrüchten anbraten und nachziehen lassen, bis er weich ist
- **Pellkartoffeln** mit Butter und Quark
- **(Süß-)Kartoffelbrei:** gekochte Kartoffeln und/oder Süßkartoffeln (*kumara*) stampfen, etwas Milch, Butter und Salz zufügen (raffinierte Variante: ein wenig Muskat hinein reiben), dazu Spiegelei, Rührei oder Bratwurst reichen

Der Kühlschrank der meisten Wohnmobile fasst nur 80 Liter und hat ein kleines Gefrierfach. Für eine vierköpfige Familie ist das gerade so ausreichend. Bei längerem Stehen ohne Stromanschluss braucht der Kühlschrank gerade im Hochsommer viel Strom und schaltet sich dann unter Umständen auch einfach aus. Lebenswichtige Medikamente sollte man darin dementsprechend besser nicht lagern.

7.5 Internet unterwegs – Camping online

Einen Internetzugang brauchen heute nicht nur Reiseblogger und Facebook-Abhängige, sondern immer mehr „normale" Reisende wollen von unterwegs E-Mails versenden, Fotos speichern und betrachten, den Wetterbericht prüfen, nach Informationen zur Route recherchieren oder einfach den nächsten Campingplatz reservieren.

Neuseeland ist, was den Internetzugang angeht, noch in weiten Teilen „Entwicklungsland". Die Internetverbindung erfolgt nahezu überall über die alten Kupfer-Telefonkabel, die nur geringe Datenübertragungsraten bieten und auch nicht überall verlegt sind. Auch die Internetverbindung via UMTS-Netz, also über ein Internet-fähiges Handy oder über ein USB-Modem im Laptop, ist wegen der schlechten Funknetz-Abdeckung in den abgelegeneren Regionen des Landes keine Option.

Prepaid mobile access

Wer regelmäßig und unabhängig von Hotspots online gehen will oder muss, der sollte auf jeden Fall den Zugang über das mobile Internet wählen. Eine Prepaid-SIM-Card, die in das Smartphone eingesteckt wird, bietet Vodafone für 19 NZD (500 MB Datenvolumen), der neuseeländische Anbieter „Spark" bietet die 500 MB schon für 15 NZD an und bei „2degrees" bekommt man für 20 NZD ein ganzes Gigabyte an Datenvolumen.

Ein USB-Modem für den Laptop bietet Vodafone NZ für 49 NZD an; hiermit kann man für 20 NZD monatlich 500 MB herunterladen, für 30 NZD gibt es 1 GB.

Pay as you go

Campingplätze werben sehr häufig mit *internet access*. In der Regel bedeutet das:

a) Es gibt *wireless* Internet auf dem Platz, das man nur mit einem eigenen Laptop oder Smartphone nutzen kann, oder
b) Es gibt eine *internet cabin*, in der ein alter, abgenutzter PC mit Internetanschluss (und englischer Tastatur!) steht.

Man bezahlt, indem man passende Münzen in eine Box am PC einwirft (für 1 NZD bekommt man in der Regel zwölf Minuten Internetverbindung), oder indem man *wireless* ein Benutzerkonto beim jeweiligen Anbieter eröffnet. Hierfür wird eine Kreditkarte benötigt. Ist man angemeldet und hat das gewünschte Paket gekauft, erscheint die Seite des Anbieters als Startseite, sobald man online geht. Hier hat man auch eine Übersicht, wie viele Minuten bzw. wie viele Megabytes noch frei sind. Nach der Internet-Sitzung darf man nicht vergessen, sich auf der Anbieter-Seite wieder abzumelden, falls man ein Minutenpaket nutzt!

Einige Hotspot-Betreiber vergeben oder verkaufen stattdessen Zugangs-Voucher mit bestimmten Werten an ihre Gäste. Dann gibt man statt des Benutzernamens den Zugangscode in die Anmeldemaske ein.

Etwa 1200 Hotspots im ganzen Land betreibt der Anbieter „Zenbu". Hier wird nicht nach Zeit abgerechnet, sondern nach Datenmenge. Ein Megabyte kostet 0,01 bzw. 0,10 NZD, je nach Übertragungsart. Das Abrufen des Wetterberichts und das Versenden von E-Mails ist wenig datenintensiv und daher recht günstig; will man aber Fotos verschicken, zum Sichern in eine Cloud hochladen, einen Videochat über Skype mit den Großeltern zu Hause halten oder mit den Kindern ein YouTube-Filmchen anschauen, kommt man hier schnell an Grenzen.

Gut zu wissen

Zenbu ist auch auf den Cook Islands und in Australien verfügbar; dort kann man zwar dasselbe Benutzerkonto zum Einloggen nutzen, aber nicht bereits bezahlte Datenübertragung nutzen!

Ein zweiter landesweiter Anbieter von Wireless Internet ist „IAC". Dieser arbeitet an über 300 Hotspots sowohl mit der „Holiday Parks Association NZ" als auch mit bekannten Campingplatz-Ketten wie den Top Ten Holiday Parks, den „Family Parks" und den „Kiwi Holiday Parks" zusammen, Wohnmobilreisende werden ihm also sehr oft begegnen.

Hier kauft man Zeitpakete (*data plans*) zwischen einem Tag und einem Monat, wobei die übertragene Datenmenge prinzipiell unbegrenzt ist. Für 24 Stunden (die Zeit läuft ab dem ersten Einloggen) zahlt man 7 NZD, in dieser Zeit sind maximale Datenübertragungen von 100 GB möglich. Tipp: Die Karte direkt bei IAC kaufen, auf den teilnehmenden Campingplätzen ist sie teurer!

Wer regelmäßig und viel online sein will oder muss, der kann ein Wochenpaket für 25 NZD (1 TB) oder eine 30-Tages-Flatrate für 60 NZD buchen, die 5 TB Datenübertragung erlaubt. Nicht auszurechnen, was das bei Zenbu kosten würde …

Statt der Online-Buchung von Paketen kann man bei „IAC" auch eine Prepaid-Karte kaufen, deren Zugangscode dann einzugeben ist. Das Aufladen der Karte funktioniert mit Bargeld; es gelten dieselben Datenpläne wie bei der Online-Anmeldung.

Kostenloses Internet

Wirklich kostenlosen Internetzugang findet man auf neuseeländischen Campingplätzen (und auch in Motels und Hostels) immer noch sehr selten. Wer sparen will, der kann in Bibliotheken kostenlos ins Internet gehen. Das „Aotearoa People's Network Kaharoa" der öffentlichen Bibliotheken ist eigentlich für Einwohner ohne eigenen Internetzugang gedacht; Touristen dürfen die *wifi rooms* aber gern benutzen. Der Nachteil: Je mehr Menschen dort das Internet nutzen, desto langsamer ist die Verbindung; und nach Ladenschluss wird sie abgestellt.

McDonalds-Restaurants und die Cafés der Kette „Esquires Coffee House" bieten *free wifi*, sobald man etwas konsumiert. Der Nachteil: Die Übertragungsgeschwindigkeit ist dort mitunter quälend langsam.

Zum Rugby World Cup 2011 eröffnete Wellingtons Stadtzentrum flächendeckenden Internetzugang; Palmerston North folgte bald diesem Beispiel. Es ist zu hoffen, dass auch andere Städte bald freien Internetzugang in ihren Geschäftsvierteln anbieten werden.

7.6 Campingplatz-Vielfalt: Was kann und darf man erwarten?

Campingplätze in Neuseeland sind so verschieden wie das Land und seine Bewohner. Damit Campingneulinge einen kleinen Einblick in das breite Spektrum der vorhandenen Plätze bekommen, stellen wir hier drei Repräsentanten etwas ausführlicher vor.

Standard DOC-Campsite: Nikau Cove in den Marlborough Sounds

Auf diesem winzigen Plätzchen, das stellvertretend für viele andere DOC-Campsites der Standard-Kategorie gelten kann, findet man absolute Ruhe und Abgeschiedenheit für wenig Geld.

Es gibt nur sechs Stellplätze, die auch nicht markiert sind; haben sich Camper zu breit gemacht oder ungünstig geparkt, ist der Platz auch mit vier Campervans schon voll. Große Wohnmobile mit unerfahrenen Führern könnten beim Navigieren der engen Campsite-Zufahrt Probleme bekommen.

Einsamer Strand an der DOC-Campsite Nikau Cove

Nikau Cove ist eine kleine Bucht im Kenepuru Sound, der wiederum ein Nebenarm der weit verzweigten Marlborough Sounds im Norden der Südinsel ist. Wer nicht mit einer eigenen Yacht kommt, der kann sein Wohnmobil von Linkwater aus etwa 30 Kilometer über die extrem kurvige und schmale Kenepuru Road steuern, die immer wieder tolle Ausblicke über den Kenepuru Sound eröffnet. Wenige Kilometer hinter dem Örtchen Portage biegt links eine schmale und steile Zufahrtsstraße auf die Campsite ab – die Einfahrt ist schnell verpasst und wenden ist auf der schmalen Straße kaum möglich!

Der Kieselstrand ist je nach Gezeitenstand zwischen einem und etwa 20 Metern breit und flach genug, um Boote anlanden zu können. Die Ausstattung beschränkt sich auf ein Toilettenhäuschen mit einer *long drop toilet*, einen frei stehenden Wasserhahn und zwei Picknickbänke; ansonsten sind Camper auf Selbstversorgung angewiesen. Die Bezahlung erfolgt über das bekannte *honesty box*-Prinzip: Man steckt das Geld für die Übernachtungen in einem Briefumschlag in den Holzkasten am Eingang der Campsite (6 NZD pro Nacht für Erwachsene, 3 NZD für Kinder ab fünf Jahren). Ranger kommen nur selten vorbei.

Auf den einsamen DOC-Campsites sieht man auch die endemischen Wekas von ganz nahem

Auf den Felsen am Strand wachsen große Kolonien von *green lipped mussels* und Felsenaustern, die man sammeln und verzehren kann. Neugierige Wekas kommen hin und wieder zu Besuch und viele andere neuseeländische Vögel machen sich in ohrenbetäubender Lautstärke bemerkbar. Weitere „Ablenkungen“ gibt es hier nicht; der Platz wird vor allem als Zwischenstopp oder Rastplatz genutzt.

Top Ten Holiday Park Oamaru

Plätze, die zum Unternehmen der „Top Ten Holiday Parks“ gehören, gibt es in ganz Neuseeland (siehe Kapitel 6.1). Auch im Städtchen Oamaru 250 Kilometer südlich von Christchurch kann man 5-Sterne-Camping der Extraklasse erleben, wie es die Werbung suggeriert.

Der „Top Ten Holiday Park Oamaru“ liegt nicht weit von der SH 1 am Stadtrand auf einer großen, flachen Rasenfläche. Auch mit großen Wohnmobilen sind das Rangieren und das Fahren auf dem Platz ohne Probleme möglich. Die parzellierten Stellplätze sind großzügig und ordentlich auf Schotter angelegt und liegen teilweise im Schatten großer Bäume. Jeder Stellplatz hat eine Picknickbank, so dass Mahlzeiten vor dem Campervan auch ohne eigenen Campingtisch bequem möglich sind.

Neben 20 Stellplätzen für Zelte und 50 *powered sites* für Campervans gibt es auf dem Platz zehn *cabins* für bis zu vier Personen mit einfachen Stockbetten, mehrere *en suite units* mit einem oder zwei Zimmern, Doppelbett und Kochecke (einige davon auch mit eigenem Bad), fünf *self contained units* für Familien neben dem Spielplatz und ein großzügiges *park motel* mit zwei Schlafzimmern mit Doppelbetten, Wohnzimmer, Badezimmer, kompletter Küche und privater Veranda.

Es gibt zwei große Sanitärkomplexe mit sauberen und modernen Duschen und Waschbecken, kostenlose Föhne, heißes Wasser ist kostenlos und läuft endlos. Für Kinder gibt es nicht nur Tritthocker an den Waschbecken und einen Wickeltisch im Damenbereich, sondern sogar eine Babybadewanne in Form eines roten Rennwagens – das ist für neuseeländische Campingplätze wirklich selten.

In den beiden Gemeinschaftsküchen findet man moderne Kochgeräte, Kühlschränke, Mikrowellen, Toaster und hat viel Platz zum Essen. Die Gebäude sind beheizt und mit Sky TV ausgestattet. Für Campervan-Fahrer gibt es natürlich eine kostenlos zu benutzende dump station.

An der Rezeption kann man Lebensmittel des täglichen Bedarfs, Waschpulver für die Münz-Waschmaschinen und Telefonkarten kaufen, Internet-Karten aufladen und DVDs leihen; im gesamten Parkgelände gibt es Wireless Internet und in einem *Internet Kiosk* stehen zwei Computer mit Internetzugang (Bezahlung über Münz-Einwurf). Neben Handtüchern, Bettzeug und Kochgeschirr werden auch Baby-Reisebetten verliehen. Das Personal ist bei der Buchung von Touren und anderen Unternehmungen im Ort und in der Umgebung behilflich.

Direkt nebenan sind die Oamaru Public Gardens mit einem schönen Spielplatz. Ein eigener kleiner Spielplatz mit kleinem Klettergerüst, Rutsche und Trampolin befindet sich trotzdem auf dem Platz. Weitere Unterhaltung bietet eine Entenfamilie, die regelmäßig ihre Runden über den Platz macht und nach Futter Ausschau hält.

Der Campingplatz liegt in Laufentfernung von der Innenstadt, zwischen einer (wenig befahrenen) Nebenstraße, der Chelmer Street, und einer Bahnlinie, auf der auch nachts Züge verkehren. Da es in Oamaru keine anderen Campingplätze gibt, kann der Platz während der Hochsaison vergleichsweise voll sein, dann sind die Duschen und Toiletten für die Zahl der Gäste recht knapp bemessen.

In dieser Zeit kostet eine *powered site* für eine vierköpfige Familie 64 NZD, für einen Stellplatz ohne Stromanschluss werden 56 NZD verlangt (Kinder zahlen ab dem zweiten Lebensjahr!). Auch in der Nebensaison wird es mit 62 bzw. 56 NZD nicht viel günstiger, es sei denn, man hat eine Mitgliedskarte: Dann zahlt man zehn Prozent weniger.

Blick auf die Oamaru Coast

Familienfreundlich: Farmyard Holiday Park Geraldine

Dieser privat betriebene Campingplatz liegt etwas abseits von Geraldine, einer Kleinstadt im ländlichen Canterbury etwa 35 Kilometer nördlich von Timaru auf der Südinsel Neuseelands. Hinter hohen Hecken eröffnet sich an der Coach Road südöstlich des Ortszentrums ein 17 Hektar großes Gelände aus Wiesen, Auen und Feldern.

Dass der Platz sich auf Familien mit Kindern spezialisiert hat, erkennt man bereits bei der Anfahrt, wenn riesige, selbstgebaute Windmühlen am Straßenrand winken. Der Platz selbst scheint auf den ersten Blick wenig spektakulär; das Empfangshaus, die Cabins auf dem Platz und die Gemeinschaftsgebäude sind schon etwas älter und wirken abgenutzt, aber gut erhalten. Die beiden Sanitärgebäude und die Gemeinschaftsküche sind sauber, aber eher spartanisch und nicht allzu modern ausgestattet; immerhin kann man kostenlos mit heißem Wasser duschen. An der Rezeption kann man einige Lebensmittel für den tägli-

Farmyard Holiday Park Geraldine

Aufenthaltsraum in einem Holiday Park

chen Bedarf kaufen, es gibt eine *TV lounge*, aber kein Internet auf dem Platz.
Neben den Cabins und *on site vans* (fest installierten Wohnwagen) gibt es Ein-Zimmer-Studios mit Küche und Bad sowie *family cottages* mit zwei Schlafzimmern. Die Stellplätze mit Stromanschluss liegen einzeln in kleinen Hecken-Nischen, bieten also viel Privatsphäre. Natürlich hat fast jeder Platz eine Picknickbank. Gleich hinter der Rezeption wartet Polly, ein sprechender Kakadu, in einer großen Voliere, und ein mit Sinn für Humor angelegter Englischer Garten bietet schöne Spazierwege und versteckte Sitzplätze.

Insgesamt macht der Platz einen nostalgischen Eindruck – *back in the good old days* sozusagen. Die enorm begeisterten Empfehlungen zahlreicher Familien haben aber einen anderen Grund: Hinter den Hecken, die den Campingbereich vor dem Wind schützen, eröffnet sich ein riesiges Gelände mit Swimmingpool, Streichelzoos und Spielgeräten für jedes Alter und jedes Bedürfnis. Ältere Kinder können sich hier locker einen gesamten Tag allein beschäftigen.

Kaninchen, Meerschweinchen, Kängurus, Hausschweine, Alpakas und andere wollen (und dürfen) gefüttert und gepflegt werden, in der Dämmerung hört man Ratty, das Possum, durch sein Gehege schleichen und die Esel auf der Weide warten jeden Morgen auf einen Ausritt. Der windgeschützt und kindersicher angelegte Swimmingpool hat ein Schwimmerbecken und ein flaches Planschbecken für die Kleinsten. Die Älteren spielen vielleicht lieber Minigolf oder fahren eine Runde auf der Quad-Strecke mit speziellen Kinder-Quadbikes.

Dies alles bekommt man zum Preis von 35 bis 37 NZD für eine *powered site* (darin sind zwei Erwachsene bereits enthalten; Kinder über 2 Jahre zahlen 10 NZD), egal in welcher Saison man kommt.

8. Freedom Camping in Neuseeland

Kostenlos übernachten unter dem Sternenhimmel am Lake Tekapo

8. Freedom Camping in Neuseeland

Wildes Camping kennt man in Europa vor allem als skandinavische Spezialität: Das „Jedermannsrecht“ basiert auf dem Prinzip, dass die freie Natur eines Landes all seinen Bürgern gehören sollte. Es erlaubt jedem, sein Zelt aufzuschlagen, solange er menschlichen Ansiedlungen dabei nicht zu nahe kommt und seinen Müll wieder mitnimmt.

In Neuseeland, gegründet von Pionieren und Heimat von zahllosen begeisterten Hobby-Wanderern, heißt diese Idee „Freedom Camping“: Man stellt sein Zelt (oder den Campervan) irgendwo auf (oder ab), wo es schön ist, und macht es sich gemütlich. Da selbst die Highways im Vergleich zu Europa oft eher beschauliche Straßen sind und allerorten unbesiedelte Wildnis lockt, kann man hier tatsächlich mit wenig Aufwand zwischen grandiosen Bergkulissen oder an einsamen, unendlichen Stränden übernachten.

Freedom Camping bringt einen nicht nur viel näher an die Natur abseits von stark frequentierten Wanderwegen und touristischen Hotspots heran, es kostet auch nichts. Das ist bei den stark gestiegenen Lebenshaltungskosten in Neuseeland ein nicht zu verachtendes Argument, zumal man für das Wohnmobil sowieso schon einen hohen Tagesmietpreis zahlt. Da Strom, Dusche und WC in diese Gefährte integriert sind, bieten sie sich zum Freedom Camping geradezu an; einen Campingplatz muss man eigentlich nur aller paar Tage anfahren, um die Hauptbatterie wieder voll aufzuladen und die Wäsche zu waschen.

Im Gegensatz zum Zelt muss das Wohnmobil nur geparkt werden, und schon hat es sich in ein festes und warmes Zuhause für die Nacht verwandelt. Gegen Sturm und Schlechtwetter ist man viel besser geschützt, der Gang zu den Sanitäranlagen ist überflüssig und ängstliche Städter fühlen sich hier nachts, inmitten von Bäumen und Stille, sowieso sicherer als in einem dünnwandigen Zelt.

Bisher galt Neuseeland als idealer Ort für Freedom Camping: viel Platz und wenige Menschen, die Vorbeifahrenden und Tagesgästen aufgeschlossen gegenüberstanden, weil sie selbst auch gern campen. Fast jede hübsche Stelle ist mit Picknickbank und Mülleimer ausgestattet und für dringende Bedürfnisse findet man überall öffentliche Toiletten, die perfekt sauber sind. In der Nähe von Bade- und Surfstränden finden sich sogar oft öffentliche Duschen.

Leider haben sich die Vorteile des Freedom Camping in den letzten Jahren unter Touristen allzu sehr herumgesprochen. Immer mehr drängen sich auf den beliebteren und leicht zugänglichen Freedom-Camping-Plätzen und hinterlassen dabei Unordnung, Müll und Fäkalien. Es ist nur verständlich, wenn sich Stimmen erhoben, die sich gegen eine solche Verschandlung der neuseeländischen Landschaft wandten – Landbesitzer verboten das Übernachten auf ihren Grundstücken und die Kommunen schränkten die Erlaubnisse deutlich ein.

Inzwischen ist fast jeder zum Übernachten geeignete Parkplatz, Rastplatz oder Straßenrand mit Verbotsschildern versehen: *No camping, no overnight staying*. Nichtsdestotrotz ist Freedom Camping in Neuseeland noch nicht komplett verboten! Besonders kleinere Kommunen, die kaum Campingplätze haben und durchfahrende Touristen zum Bleiben ermuntern wollen, zeichnen häufig spezielle *freedom camping areas* aus.

Wie findet man einen Freedom-Camping-Stellplatz?

- Abseits von touristischen Zentren suchen
- In Gegenden suchen, wo nur wenige Campingplätze verzeichnet sind
- Anwohner fragen
- In der iSite fragen
- Am Ende von kleinen, abgelegenen Sackgassen suchen
- Eher auf der Südinsel suchen
- Stellplätze am Meer auf Tidenhub-Sicherheit prüfen!
- Auf Regensicherheit achten (nicht zu nahe an Flussläufen oder in Feuchtgebieten)
- Nicht in allzu abgelegenen Gegenden suchen (Gefahr von Raubüberfällen)
- Mit Kindern nicht an steilen Klippen, frei zugänglichen Wasserstellen etc. hinstellen; nicht neben befahrenen Straßen campen

Auf Websites wie **www.Rankers.co.nz** oder **www.Parkyourcamper.com** findet man nach wie vor viele Orte in Neuseeland, an denen man umsonst übernachten kann. Und: Auch DOC-Campsites der Basic-Kategorie kosten nichts!

8.1 Die Gesetze: Was ist erlaubt, was nicht?

Laut dem 2011 verabschiedeten „Freedom Camping Act“ ist Freedom Camping in Neuseeland grundsätzlich erlaubt. Verbote müssen für spezifische Stellen gelten und dort kenntlich gemacht werden. Das bedeutet: Wo kein Verbotsschild steht, ist freies Übernachten erlaubt, und: Keine Gemeinde darf Freedom Camping auf ihrem gesamten Gebiet untersagen.

Freedom Camping am Ocean Beach in Tairua

Jeder regionale Council in Neuseeland kann das Freedom Camping selbstständig regeln. Viele Gemeinden verbieten es auf dem kompletten Stadtgebiet, andere halten speziell ausgewiesene Stellflächen dafür frei und in einigen Gemeinden gilt: Wo kein Verbotsschild steht, ist Freedom Camping erlaubt.

Die Gemeinden bitten Freedom Camper im Gegenzug darum, außerhalb der Stadtzentren, Parks und Wohngebiete zu übernachten, ihr Brauchwasser an dump stations und den Müll in öffentlichen Mülltonnen zu entsorgen, keine Feuer zu entzünden und ihren Stellplatz sauber und ordentlich zu hinterlassen.

Die Schilder *Private property* oder *No trespassing* weisen auf Privatgelände hin, auf dem Freedom Camping nur nach persönlicher Rücksprache mit dem Besitzer erlaubt ist. *No camping-* bzw. *No overnight staying*-Schilder mit einem Wohnmobil-Symbol zeigen Stellplätze an, die fürs Freedom Camping explizit verboten sind. Steht auf einem Schild *No camping* und ein Zelt-Symbol, dann gilt das Verbot nicht für Campervans.

Wie bisher auch, darf natürlich jeder sein Wohnmobil tagsüber oder über Nacht an erlaubten Stellplätzen abstellen, während er einen Tagesausflug macht oder woanders übernachtet.

Verhaltensregeln beim Freedom Camping

- Einheimische fragen: Anwohner, aber auch die iSites kennen legale und geeignete Stellen zum Übernachten
- Abstand halten: nicht direkt neben Wohnhäusern oder anderen Wohnmobilen parken, bei größeren Ansammlungen von Wohnmobilen besser weiterfahren
- Nicht zu lange an einem Stellplatz bleiben, am besten nur über Nacht
- Umweltschutz: nach dem Motto der Nationalparks „Take only photos, leave only footprints" vor der Weiterfahrt Müll aufsammeln (nicht nur den eigenen), keine Pflanzen beschädigen, nicht in Wasserläufen abspülen und eine Toilette benutzen
- Kein Feuer machen
- Ruhig verhalten

Sehr wichtig: Nicht auf benachbarten Campingplätzen heimlich duschen oder die Toiletten benutzen! Die Betreiber nehmen *shower theft* und *toilet paper theft* sehr ernst!

Der „Freedom Camping Act" erlaubt ausdrücklich auch *short term sleeping* in ansonsten verbotenen Zonen, damit übermüdete Fahrer und Fahrerinnen den Verkehr nicht gefährden! Darauf kann man sich im Notfall also berufen; besonders mit Kindern an Bord darf man auf Verständnis hoffen. Aber auf diesen Ermessensspielraum sollte man sich nicht verlassen! Steht der Campingtisch vor dem Wohnmobil oder sind gar Reste einer Feuerstelle zu erkennen, wird man kein Pardon finden.

Freedom Camping an einer generell verbotenen oder für das eigene Wohnmobil nicht zugelassenen Stelle kann mit einer sofort zahlbaren Geldbuße von 200 NZD geahndet werden. Hinzu kommt eventuell noch ein Parkticket. Vorsicht: Die Strafe kann auch schon für den Versuch des Freedom-Campens anfallen, etwa wenn man abends mit bereits aufgebauten Betten angetroffen wird!

Wer sich weigert, seine Personalien anzugeben, das Gelände auf Aufforderung nicht verlässt oder gar Widerstand gegen den Beamten leistet, der wird im schlimmsten Fall zu Zahlungen bis zu 5000 NZD verdonnert. Hat man Müll hinterlassen, ein Feuer entzündet oder gar seine Chemietoilette in einen Fluss entleert, kann die Strafe bis zu 10 000 NZD gehen.

Auch in den Nationalparks und auf dem Land des Department of Conservation (DOC) ist Freedom Camping prinzipiell erlaubt, es gibt aber zahlreiche Ausnahmen und Einschränkungen (siehe **Anhang**). Der „Freedom Camping Act" 2011 bezieht sich übrigens nicht auf das Hinterland (*backcountry*); hier kann also weiterhin nach Lust und Laune (natürlich unter Berücksichtigung der entsprechenden Verhaltensregeln) gecampt werden.

Achtung: Die meisten Freedom-Camping-Stellplätze gelten nur für *self contained vehicles*, also Wohnmobile, deren Toilette und (Ab-)Wasserversorgung sie für drei Tage autark halten können. Ein Wohnmobil, das *self contained* ist, trägt eine spezielle Plakette innen links an der Frontscheibe und hinten rechts am Fahrzeug. Neben der offiziellen Plakette (Abbildung 1) sind auch die vor 2012 ausgestellten Plaketten gültig, bis ihr aufgedrucktes Ablaufdatum erreicht ist.

Neue Plakette hinten am Fahrzeug, nach NZS 5465

Alte, freiwillige Plakette

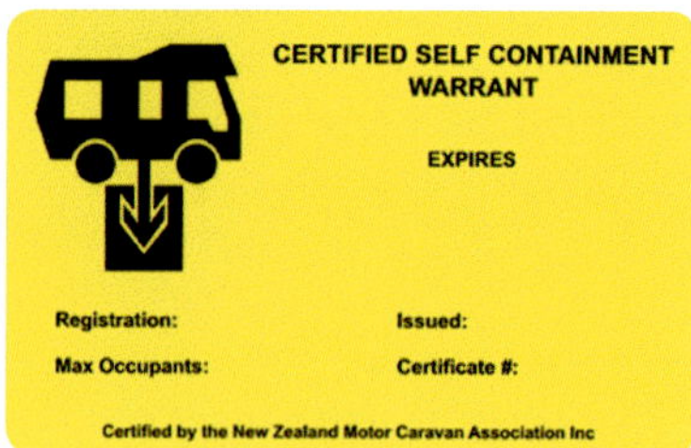

Alte Plakette der NZMCA

Ist das Wohnmobil nicht *self contained* oder ist man mit dem Zelt unterwegs, muss man eine tragbare Chemietoilette mit sich führen oder nur an Stellplätzen bleiben, die mit öffentlichen Toiletten ausgestattet sind.

Besonders in touristisch stark frequentierten Gegenden kann man ziemlich sicher davon ausgehen, dass die Einhaltung der Freedom-Camping-Verbote kontrolliert wird. Macht ein geparkter Campervan den Eindruck, als würde jemand darin schlafen (zugezogene Vorhänge, ausgebreitete Schlafsäcke, Stehen über Nacht), kann am Morgen schnell ein Strafticket am Scheibenwischer klemmen. Wer nachweisen kann, dass er die betreffende Nacht in einem Hostel verbracht hat, der muss ein fälschlich ausgestelltes Ticket natürlich nicht bezahlen. Nicht vergessen: Binnen 28 Tagen muss man bei der ausstellenden Behörde schriftlich widersprechen!

9. Camping-Wörterbuch A bis Z

Takapuna Holiday Park in Auckland: Camping direkt am Meer

9. Camping-Wörterbuch A bis Z

A

Auckland Regional Parks: kommunal betriebene neuseeländische Campingplätze, Preise und Ausstattung vergleichbar mit den staatlichen DOC-Campsites

B

Basic Category: „niedrigste" Kategorie der DOC-Campsites, kostenlos, bietet nichts außer schöner Lage

C

Cabin: kleine, mit zwei bis sechs Betten ausgestattete Hütte auf Campingplätzen; Bettwäsche muss meist zusätzlich gemietet werden, Waschgelegenheiten und Küche des Campingplatzes werden mitbenutzt

D

Dump Station: Entsorgungsstation für das Brauchwasser von Wohnmobilen, auf vielen Campingplätzen kostenlos

Auch so kann ein Campingplatz aussehen – im Herzen von Neuseelands Hauptstadt Wellington

E

En suite: Unterkunft mit Badezimmer (Dusche und Toilette) zur eigenen Benutzung, ohne eigene Küche

F

„Freedom Camping Act“: Gesetz, das Freedom Camping prinzipiell überall erlaubt, wo kein explizites Verbot ausgesprochen wurde

G

GST: neuseeländische Mehrwertsteuer; 15 Prozent sind in den Preisangaben immer bereits enthalten

H

HEMA Road Atlas: praktische Straßenkarte, in der die meisten Campingplätze Neuseelands und fast alle *dump stations* verzeichnet sind

I

Incorrect disposal of human waste: falsches Entsorgen von Hinterlassenschaften beim Freedom Camping; kann mit bis zu 10 000 NZD Strafe belegt werden

J

Jason's Book Holiday Parks and Campgrounds: kostenlose, jährlich neu aufgelegte Broschüre, die fast alle neuseeländischen Campingplätze mit Lage, Ausstattung und Preisen verzeichnet

K

„Kathmandu“: neuseeländischer Camping- und Outdoor-Ausstatter

L

Long Drop Toilets: überraschend geruchsneutrale selbstkompostierende Toiletten, anzutreffen auf vielen Standard DOC-Campsites

M

Metered Showers: kostenpflichtige Duschen, meist etwa 50 Cent für vier bis fünf Minuten; manche Duschen erlauben „Nachzahlen“, bei manchen ist nach Ablauf der Zeit Schluss. Anzutreffen eher auf der Nordinsel und eher in Gebieten mit weniger Niederschlag

N

„New Zealand Motor Caravan Association“: Organisation von etwa 43 000 neuseeländischen Campervan-Reisenden, die ein eigenes Verzeichnis für ermäßigte oder kostenlose Stellplätze (nur für Mitglieder) haben

O

Overnight Staying: Abstellen von Wohnmobilen über eine Nacht (und darin schlafen), meist für die Zeitspanne zwischen 17 Uhr (5 pm) nachmittags und 9 Uhr (9 am) am nächsten Vormittag erlaubt

P

Peak Season: Hochsaison zwischen Weihnachten und Neujahr bzw. dem Ende der Schulferien Anfang Januar

Q

Qualmark: offizielles Bewertungssystem der neuseeländischen Tourismusbehörde und des Automobilclubs NZAA für Campingplätze und andere Unternehmen der Tourismusbranche

R

Rabattkarten: Mitgliedskarten der „Top Ten Holiday Parks" oder „Family Holiday Parks", mit denen man Ermäßigungen auf Übernachtungen und bei touristischen Attraktionen nutzen kann

Die Tourist Information von Rotorua

S

Self Contained Vehicle: Campervan mit Toilette und Wasserversorgung für drei Tage autarke Versorgung; meist Voraussetzung für Freedom-Camping-Erlaubnis

Self contained unit: feste Unterkunft auf Campingplätzen mit eigenem Bad und eigener Küche, TV und (meist) separatem Schlafzimmer

T

„Top Ten Holiday Parks": 5-Sterne-Campingplätze mit überdurchschnittlichen Preisen und gehobener Ausstattung

U

Unpowered Site (auch *tent site*): Stellplatz für Zelte und Wohnmobile ohne Strom- und Wasseranschluss, meist geringfügig günstiger

V

Visitor Information Centre (auch *i-SITE*)**:** Informationen zu Wetter, Unterkünften, Tour-Veranstaltern, Freedom-Camping-Regeln usw. in jedem größeren Ort

W

Warden: Angestellter eines Campingplatzes, meist von DOC-Campsites, der die *camping fees* einsammelt und für Ordnung sorgt

X

Xmas: Beginn der neuseeländischen Sommerferien und damit der Sommer-Peak-Season

Y

Year Round Price: Stellplatzpreis, der nicht saisonabhängig schwankt

Z

„Zenbu“: Internet-Anbieter auf vielen Campingplätzen

10. Wohnmobil-Reisen mit Kindern – in Neuseeland ein Vergnügen!

Familiencamping am Lake Pukaki

10. Wohnmobil-Reisen mit Kindern – in Neuseeland ein Vergnügen!

Zugegeben, die mindestens 24-stündige Anreise per Flugzeug ist nicht wirklich ein Vergnügen; schon gar nicht für Familien mit (kleinen) Kindern. Dessen ungeachtet sind die allermeisten Eltern begeistert von Neuseeland und empfinden das Land als außerordentlich kinderfreundlich.

Dass Neuseeland ein relativ sicheres Land ist – sowohl was die politische Stabilität betrifft als auch die Tierwelt –, wissen viele Eltern bereits. Im Gegensatz zum Nachbarn Australien muss man in Neuseeland keine Angst vor giftigen Schlangen, Spinnen und anderem Gewürm haben und kann (fast) ohne Angst vor Hai- oder Krokodilangriffen in Flüssen und Meer baden.

Mit Kindern unterwegs im Wohnmobil - in Neuseeland kein Problem

Das Klima ist mild und verträglich, allenfalls gegen die erhöhte UV-Strahlung müssen sich Europäer verstärkt schützen – besonders, weil sie oft aus dem europäischen Winter direkt in den Hochsommer wechseln. Malaria oder andere heimtückische Krankheiten sind unbekannt, spezielle Impfungen oder Vorsichtsmaßnahmen wie Trinkwasser abkochen daher unnötig.

Kriminalität in Neuseeland ist zwar existent und durchaus auf höherem Niveau als in Deutschland, als Tourist ist man davon aber kaum betroffen; wer den normalen gesunden Menschenverstand walten lässt, läuft wenig Gefahr, bestohlen, ausgeraubt oder entführt zu werden. Das Zeitunglesen sollte man sich in Neuseeland verkneifen; Schlagzeilen à la „Tourist ausgeraubt" oder „Kind entführt" stoßen offenbar auf mehr Interesse als Tagespolitik und werden entsprechend ausgeschlachtet.

Ähnlich ist es mit dem Straßenverkehr: Die Unfallraten sind höher als in Deutschland, aber mit einer zurückhaltenden Fahrweise kommt man in der Regel ohne Probleme zurecht. Die meisten Unfälle von Reisenden passieren kurz nach der Ankunft, wenn rechts und links noch unklar sind und Übermüdung ihren Teil zum unsicheren Fahren beiträgt.

Alles, was man in Deutschland kaufen kann, findet man auch in Neuseeland: Babynahrung und Windeln gibt es in jedem Supermarkt, das Essen ist kinderkompatibel und in jedem Restaurant wartet eine Spielecke (für Einkaufstipps siehe **Anhang**). Nicht nur das: Jeder Stadtpark in Neuseeland bietet Picknickbänke, öffentliche Toiletten und hervorragende Spielplätze. Herumrennende und lärmende Kinder dürfen mit wesentlich mehr Verständnis rechnen als in Deutschland.

Außerdem ist Folgendes wichtig für Familien: Das neuseeländische Gesundheitssystem ist sehr gut ausgebaut, die staatliche Unfallversicherung deckt kostenlos auch Touristen mit ab, die Infrastruktur ist ähnlich gut ausgebaut wie im westlichen Europa, so dass man überall im Land innerhalb von 24 Stunden einen Arzt findet.

10.1 Tipps zum Wohnmobil-Reisen mit Kindern

Jedes Jahr verbringen mehr als 40 000 Deutsche ihren Urlaub in Neuseeland, viele per Wohnmobil und ein nicht unerheblicher Teil von diesen mit Kindern. Für viele Familien ist diese Reise ihre erste im Wohnmobil. Auch ohne Erfahrung im Steuern und im Umgang mit so einem großen Gefährt ist das in Neuseeland kein Problem: Das Land und seine Bewohner sind hervorragend auf die Bedürfnisse von Wohnmobilreisenden eingestellt und Familien sind überall besonders willkommen.

Einige Tipps für Wohnmobil-Anfänger sollen die erste Reise in den eigenen vier Wänden leichter machen.

- **Ein familienkompatibles Wohnmobil.** Genug Stauraum, genug Platz zum Bewegen und eine intelligente Anordnung der Sitze und Betten können ungemein viel zu einem schönen Urlaub beitragen. Tipps zur Wohnmobilwahl für Familien gibt es in Kapitel 10.4.

- **Flexible Planung** ist das A und O. Am besten geht man ohne Zeitdruck und straff durchgeplante Tagesetappen an die Reise heran. So lassen sich die Bedürfnisse jedes Familienmitglieds berücksichtigen und man kann spontan auf Wetterwechsel, neue Ideen oder unvorhergesehene Hindernisse reagieren.

- **Versorgung sichern.** Besonders in abgelegenen Gegenden sollte darauf geachtet werden, dass genug Benzin und ausreichend Trinkwasser an Bord sind. Lebensmittelvorräte regelmäßig auffüllen, so dass eine Nacht abseits von Campingplätzen mit Shop kein Problem ist. Dann muss der spannende Ausflug oder der schöne Strandtag nicht abgebrochen werden, weil man noch zum Supermarkt muss.

- Übernachtungsplätze sollten zeitig genug gesucht werden, dass man das Lager noch bei Tageslicht aufschlagen kann. Dann lässt sich der Stellplatz auch einfacher auf Kindersicherheit prüfen.

- **Routinen entwickeln und einhalten.** Im Wohnmobil spielt sich der ganz normale Familienalltag auf engem Raum ab. Regeln, wer morgens abwaschen geht und wer die Betten abbaut, sparen viel Zeit und noch mehr Nerven. Die Kinder dürfen und sollen natürlich mithelfen!

- **Ein Zuhause schaffen.** Der Unterschied zum Hotel ist, dass der Campervan für die Dauer der gesamten Reise eine vertraute Umgebung bietet, davon profitieren kleinere Kinder sehr. Eltern unterstützen das, indem sie den Wohnraum mit selbst gemalten Bildern, schönen Muscheln oder festen Plätzen für die Plüschtiere wohnlich einrichten; dann macht es bei Regenwetter auch mehr Spaß, im Campervan zu sitzen.

- **Fahrtzeiten begrenzen.** Mit Kindern sollte eine Tagesetappe nicht länger als 200 Kilometer sein. Nach spätestens zwei Stunden Fahrt ist eine längere

Passendes Campervan-Spielzeug sollte dabei sein

Pause (auch für die Erholung des Fahrers!) Pflicht. Das Tagesziel erreicht man am besten, bevor Langeweile und Quengelei einsetzen. Nach einem langen Fahrttag sollte ein kompletter Tag pausiert werden, an dem man etwas vor Ort unternimmt.

- Bewegung. Nur Fahren und Aus-dem-Fenster-Schauen macht maulig und zappelig. Kinder wollen sich bewegen, die Tagesetappen sollten darauf abgestimmt sein. Auch wenn es regnet, orientiert man sich am besten an den wetterfesten Kiwis und wagt sich mit Regenjacke und Gummistiefeln trotzdem hinaus. Meist klart der Himmel sowieso nach wenigen Stunden wieder auf.

- **Wohnmobil-kompatibles Spielzeug** mitnehmen. Spielzeug sollte klein und vielseitig nutzbar sein, aber auch groß genug, dass es nicht in den Polsterritzen verschwindet. Vorsicht mit elektronischer Beschäftigung: Sie benötigt Strom, macht viereckige Augen und ist für Kinder, die zu Reisekrankheit (siehe Kapitel 10.8) neigen, nicht ideal.

10.2 Kinderfreundliche Reiseplanung

Auch das geduldigste und ruhigste Kind profitiert nicht davon, wenn es jeden Tag stundenlang festgeschnallt im Autokindersitz hockt. Auch wenn in Neuseeland die Versuchung groß ist, möglichst viele Kilometer zu „schrubben“, um schnell zur nächsten Attraktion zu gelangen, sollten sich Eltern immer wieder ins Gedächtnis rufen: weniger ist mehr.

Kinder freuen sich, wenn man nicht jeden Tag den Stellplatz wechselt, sondern auch mal eine Weile vor Ort bleibt und die Gegend erkundet. Mindestens alle zwei Stunden sollte eine ausführliche Pause gemacht werden; am besten verbindet man die mit einer kurzen Wanderung oder einem Strandausflug, zumindest ein scenic spot mit Picknickbank findet sich immer.

Um möglichst flexibel zu bleiben und z. B. einen Regentag oder einen ungewöhnlich ausführlichen Mittagsschlaf des Kindes spontan für die Bewältigung einer längeren Fahrtstrecke nutzen zu können, sollten Eltern möglichst wenig fest vorbuchen oder reservieren; Stellplätze für Campervans findet man in Neuseeland auch zur Hochsaison fast immer ohne Reservierung, also keine Panik.

Auf der anderen Seite ist es durchaus sinnvoll, den Tag mit einer Vorstellung davon zu beginnen, wie er aussehen soll bzw. könnte. Durch das Vorplanen zueinander passender Aktivitäten kann man effektiv von einer Tagesetappe zur nächsten überleiten, vergisst keine wichtigen Fixpunkte wie das Mittagessen und wendet während des Tages möglichst wenig Zeit für die Organisation der Details auf.

Genauso wichtig ist es aber, die Bedürfnisse und den Charakter der mitreisenden Kinder dabei zu berücksichtigen – ab dem Vorschulalter sollten sie sogar direkt in die Planung einbezogen werden.

Die Tagesplanung orientiert sich am besten an zwei Fragen:

1. Wann sind die Kinder voraussichtlich am geduldigsten und benehmen sich am „kompatibelsten"?
2. Wann brauchen sie wahrscheinlich mehr Bewegung und wie viel Raum brauchen sie dafür?

Daraus folgt: Kultur, anstrengende Wanderungen oder lange Autofahrten legt man am besten auf den Morgen und Vormittag, wenn die Kinder ausgeruht, konzentriert, frühstückssatt und kooperativ sind. Je später der Tag, desto kinderfreundlicher und frischluftlastiger sollten die familiären Vorhaben gestaltet werden – und desto flexibler sollten diesbezügliche Pläne sein. Niemand will um vier Uhr nachmittags mit einem zappeligen, bockenden Kind in einer Gemäldegalerie festhängen oder abends nach einem Campingplatz suchen, während die Kids hinten im Wohnmobil übermüdet und hungrig streiten und schreien.

Reisetag mit Kindern

Jeder Reisetag mit Kindern sollte folgende Elemente enthalten (wenigstens in der Planung):

- Drei Mahlzeiten: Selbstversorgung oder vorher recherchierte kinderfreundliche Restaurants bzw. Imbisse
- Mehrere Gelegenheiten für eine Zwischenmahlzeit: am besten selbst etwas einpacken, das die Kinder zuverlässig essen
- Eine Aktivität, die die Eltern toll finden und die für Kinder ebenfalls interessant ist
- Eine Aktivität, die die Kinder toll finden und die sie zu Hause nicht haben (das kann ein neuer Spielplatz sein oder ein interessanter Snack)
- Unstrukturierte Zeit zum Entspannen, Toben und Spielen
- Zeit für Mittagsschlaf, wenn nötig; ansonsten eine Ruhepause für alle

Damit alle eine entspannte Reise haben, müssen sich Eltern dringend auch Zeit zu zweit und vor allem allein gönnen und diese fest einplanen. Wenn der Mittagsschlaf im Buggy oder Tragetuch gemacht wird, kann in diese Zeit eine exklusive Elternaktivität gelegt werden, etwa ein gemütlicher Spaziergang oder ein leckeres Mittagessen im Restaurant. Schläft das Kind im Bett (oder im Autokindersitz), nutzt man diese Ruhephasen für langweilige Fahrtstrecken oder ein Elternteil unternimmt etwas allein, während der Partner beim Kind bleibt und in Ruhe liest, schreibt, strickt oder Wolken zählt.

Bevor es abends ins Bett geht, empfiehlt sich ein Ritual, das alle und besonders die aufgedrehten Kinder beruhigt und auf die Nacht einstimmt: gleichbleibende, vertraute Gewohnheiten wie ein Abendspaziergang, das gemeinsame Rekapitulieren der Tageserlebnisse oder auch das Anschauen der aufgenommenen Fotos.

10.3 Autokindersitze

Auch im neuseeländischen Verkehrsrecht gilt die Regel: eine Person, ein Sitzplatz (mit Gurt). Ansonsten gibt es ein paar feine Unterschiede, die wohl vor allem auf die große Zahl von landwirtschaftlichen Fahrzeugen und Pick-ups zurückzuführen sind:

- Alle Kinder unter sieben Jahren müssen in Neuseeland mit einem Kindersitz gesichert werden, der an ihr Alter und ihr Körpergewicht angepasst ist, ansonsten dürfen sie nicht mitfahren.
- Kinder zwischen sieben und acht Jahren müssen auf jeden Fall angeschnallt werden; ein Kindersitz ist zu benutzen, wenn er vorhanden ist.
- Kinder zwischen acht und 14 Jahren müssen einen Sicherheitsgurt anlegen; ist keiner vorhanden, müssen sie auf dem Rücksitz mitfahren; ist dieser bereits besetzt mit anderen Kindern oder gibt es gar keinen, dürfen sie aber auch vorn sitzen.
- In neuseeländischen Taxis und Tourbussen findet man häufig überhaupt keine Sicherheitsgurte auf der Rückbank. Hier erlaubt das neuseeländische Verkehrsrecht den ungesicherten Transport von Kindern.

In Deutschland müssen alle Kinder bis zwölf Jahre bzw. 1,50 Meter Körpergröße einen passenden Kindersitz benutzen. Verantwortungsvolle Eltern können nun selbst entscheiden, ob sie diese „laxeren“ Sicherheitsregeln für sich und ihre Schulkinder übernehmen wollen.

Das richtige Prüfzeichen

Im Gegensatz zu Australien akzeptiert Neuseeland nicht nur Kindersitze, die mit dem Prüfzeichen „Australian Standard“ versehen sind, sondern auch das europäische ECE-44-Zeichen und das FMVSS-213-Siegel der USA.

Ob das Installieren eines Kindersitzes in einem Campervan möglich und erlaubt ist, sollte auf jeden Fall vor der Buchung recherchiert werden; am besten durch eine persönliche Nachfrage beim Vermieter. Nicht jeder Sitz ist für die Verwendung mit jedem Kindersitz zugelassen!

- **Babys unter neun Kilogramm oder sechs Monaten** müssen in rückwärts gerichteten Babyschalen (*baby capsules*) sitzen bzw. liegen. Werden sie auf dem Beifahrersitz transportiert, darf dort kein Airbag aktiviert sein, sonst droht Lebensgefahr!! Einige Wohnmobilhersteller erlauben überhaupt keine Verwendung von Babyschalen. (Natürlich können auch Babys, die älter sind als sechs Monate, noch in einem rückwärts gerichteten Sitz transportiert werden! Experten empfehlen das bis zum Alter von mindestens 2,5 Jahren, EU-weit gilt seit 2013 eine Altergrenze von 15 Monaten.)
- **Kinder bis fünf Jahre bzw. 18 Kilogramm Gewicht** gehören in einen Autositz der Gruppe I/II, in Neuseeland meist als *baby seat* bezeichnet. Sitze, die für diese Kindersitze geeignet sind, müssen mit Ankerpunkten für den Top Tether versehen sein.
- **Kinder bis sieben Jahre bzw. 26 Kilogramm Gewicht** brauchen einen *booster seat*, das ist eine Sitzerhöhung, die idealerweise ein Rückenteil mit Seitenaufprallschutz hat. Diese Sitze können mit einem normalen Dreipunktgurt befestigt werden.

Einige Autohersteller verbieten aber, dass Kinder bis acht Jahre auf dem Beifahrersitz transportiert werden; das kann mit der Konstruktion des Airbags zusammenhängen und sollte sicherheitshalber beachtet werden.

Kindersitze lieber selbst mitbringen?

Die meisten Wohnmobil-Vermieter bieten Kindersitze für alle Altersgruppen an, natürlich gegen eine Gebühr.

Pro: Wer den eigenen Autokindersitz auch im Flugzeug nutzen will, sollte das auf jeden Fall tun und den Sitz dann direkt auch für das Wohnmobil nutzen. Der Hauptgrund dafür: Viele der vermieteten Kindersitze sind schon älter und in keinem guten Zustand; über das richtige Sicherheitszertifikat und ob der Sitz bereits an einem Unfall beteiligt war, erfährt man vom Personal an der Mietstation nichts.

Contra: Die allermeisten in Deutschland vertriebenen Kindersitz-Modelle sind sowieso nicht *for use in aircraft* zugelassen. Und es ist auch nicht sicher, dass der eigene Kindersitz auf den Sitzen des Wohnmobils verwendet werden kann! Isofix-Befestigungen haben Wohnmobile in aller Regel nicht, man braucht also einen Kindersitz zur Universalbefestigung mit Dreipunktgurten. Viele neuseeländische Kindersitze haben zusätzlich einen Top-Tether-Riemen, der an einem Haken an der Rückseite des Sitzes (oder im Kofferraum) befestigt wird. Verfügt ein Sitz über diesen Haken, muss der darauf verwendete Kindersitz auch auf jeden Fall damit gesichert werden!

Spartipp

Man kann passende Kindersitze auch vor Ort kaufen oder leihen – Babyfachgeschäfte wie „Baby on the move" oder Vereine wie die Plunket Society bieten diesen Service in den meisten großen Städten an.

Die Wohnmobil-Vermieter haben (rechtzeitige Buchung vorausgesetzt) garantiert die für ihre Fahrzeuge zugelassenen Kindersitze auf Lager.

Wie bringt man einen Top-Tether-Sitz korrekt an?

Eltern wissen in der Regel, wie man einen Kindersitz befestigt; es gibt aber so verschiedene Systeme, dass man dabei schnell einen Fehler macht. Falsch angebrachte Kindersitze sind eine Hauptursache für Verletzungen von Kindern im Straßenverkehr!

Nimmt man einen gebrauchten Kindersitz in Empfang, sollte man ihn zunächst auf sichtbare Beschädigungen und Prüfsiegel in Augenschein nehmen – letztere sollten dem Sitz kein Alter von mehr als zehn, besser nur sechs Jahren attestieren. Außerdem muss eine Gebrauchsanweisung beiliegen; von den Mitarbeitern der Mietwagenstation kann man keine (qualifizierte) Hilfe erwarten.

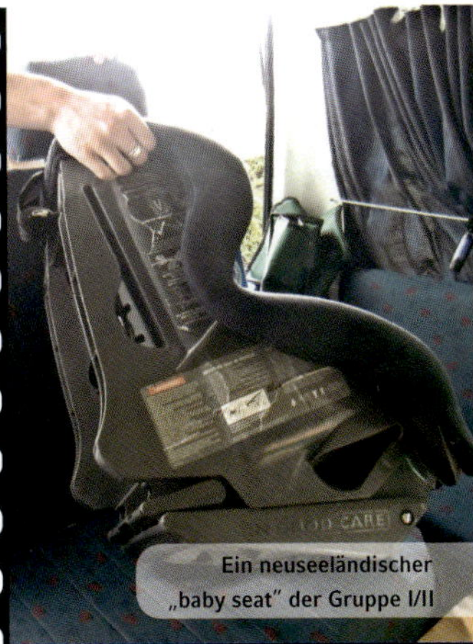
Ein neuseeländischer „baby seat" der Gruppe I/II

Schritt 1 ...

... Gurt einführen

- Zunächst den Sitz mit dem Dreipunktgurt an der Sitzbank befestigen: Dazu den Gurt durch die Aussparungen am Rückenteil des Kindersitzes führen und

darauf achten, dass der Gurt nicht verdreht ist und nicht unter dem Extra-Fünfpunktgurt (der im Sitz fixiert ist) hindurchgeführt wird.

- Den Dreipunktgurt möglichst fest zurren, eventuelle Fixierklappen am Sitz schließen.
- Aus dem Rückenteil des Kindersitzes hängt ein langer Riemen mit einem Karabinerhaken am Ende heraus, das ist der Top Tether. Nun muss zunächst die dafür vorgesehene Öse gefunden werden; er befindet sich wahrscheinlich unten auf der Rückseite des Sitzes oder auf der Bodenplatte.
- Den Top-Tether-Gurt unter der Kopfstütze hindurchführen und so weit herausziehen, dass man ihn mit Hilfe des Karabiners in der Öse einhaken kann.
- Den Karabiner unten einrasten lassen und den langen Gurt festzurren. Probeweise am Sitz rütteln; er sollte möglichst wenig Spiel in jeder Richtung haben.

10.4 Familiengerechte Wohnmobil-Ausstattung

Wer mit Kindern nach Neuseeland reisen will, der sollte sein Wunsch-Wohnmobil mindestens ein halbes Jahr vor der Abreise buchen. Für Familien mit mehreren Kindern gibt es nämlich nicht allzu viele passende Modelle und die sind schnell ausgebucht!

Die Zahl der Sitzplätze ist für Familien bei der Wahl des Wohnmobils entscheidend. Es gibt Zweisitzer, Viersitzer (auch „2+2") und Sechssitzer; einige Fahrzeugmodelle verfügen über einen Notsitz in der Fahrerkabine und sind damit Dreisitzer (oder „2+1") und wenige Modelle haben sogar sieben Sitzplätze.

Für Kleinfamilien auf einem Kurztrip

Ist man mit nur einem Kind unterwegs und braucht nicht viel Platz, kann ein Dreisitzer eine gute Wahl sein: Hier gehört das Kind auf den Beifahrersitz, während einer der Erwachsenen auf dem Notsitz Platz nimmt. Dieser Sitz zwischen Fahrer und Beifahrer ist allerdings nicht sehr bequem und nur mit einem Beckengurt gesichert, weshalb ein solches Wohnmobil wirklich nur für kurze Reisen in Erwägung gezogen werden sollte.

Eine andere Möglichkeit bieten die **Spaceships** – diese Campervan-Sparvarianten bieten zwar fast keine Ausstattung, punkten aber mit der Wendigkeit und Sparsamkeit eines normalen Autos. In den *Spaceships* kann ein Kind in einem *baby seat* oder *booster seat* direkt hinter den Eltern sitzen, ein vierter Sitz ist nur ein Klappsitz ohne Gurt. Allzu groß darf das Kind allerdings nicht sein, es gibt zum Schlafen nämlich nur das Doppelbett auf der Rückbank.

Sehr günstig und sehr klein: Ein Spaceship-Wohnmobil

Für Familien mit zwei Kindern

Die größeren Campervans und Wohnmobile verfügen über vier oder sechs Sitzplätze; hier gibt es in der Regel genug Platz für die Kinder. Hier ist die Frage wichtig, wo die Kinder sitzen wollen und können – befinden sich die Sitze ganz hinten im Fond oder ist die Fahrerkabine mit einer festen Wand von der Wohnkabine getrennt, können die Eltern während der Fahrt nicht mit den Kindern sprechen, keine Schnuller aufheben und auch keine Reisespiele spielen. Einem Einzelkind wird so garantiert schnell langweilig.

Wohnmobile mit näher gelegenen Rücksitzen sind meist die großen Sechssitzer, aber auch der „Flip Top“ mit vier Plätzen von Kea bietet einen Baby-kompatiblen Sitzplatz.

Weitere wichtige Kriterien sind für Familien die Größe des Aufenthaltsbereichs und der Stauraum. Bei der Recherche sollte man sich daher die Grundrisse und Fotos von den Fahrzeugen genau anschauen und, wenn möglich, sich nach Erfahrungen mit einem speziellen Modell erkundigen:

- Wie viel „Netto-Platz“ bleibt übrig, wenn die Sitzbänke, der Tisch und die Küchenzeile herausgerechnet werden?
- Wie viele Schränke und andere Verstaumöglichkeiten gibt es?
- Wie groß ist der Kühlschrank? (80 Liter sind für vier Personen sehr wenig!)
- Sind die weiter oben gelegenen Betten mit einem Netz oder Gitter gesichert?
- Können kleine Kinder einen separaten Mittagsschlaf halten, ohne dass alles umgeräumt werden muss?
- Kann man den Tisch auch noch nutzen, wenn die Kinder bereits schlafen?

- Wie groß ist die Arbeitsfläche in der Küche? (Kann man sie auch als Wickeltisch nutzen?)
- Gelangt man von der Fahrerkabine in den Innenraum, ohne aussteigen zu müssen?

Die Campervan-Modelle auf Kastenwagen-Basis, die für Familien in Frage kommen, haben ausklappbare Betten auf zwei Etagen, von denen das untere tagsüber zum Tisch umgebaut und das obere tagsüber zurückgeschoben wird. Bei einigen Modellen klappt sich das Dach hoch oder die Kofferraumhaube auf, um Raum zum Schlafen zu bieten. Der „Jucy Choppa" hat sogar eine Schlafkabine, die oben auf dem Dach sitzt. Für kleinere Kinder ist diese Bettensituation nicht ideal, wenn sie tagsüber noch ein Schläfchen brauchen; der Umbau des Innenraums ist jedes Mal recht aufwendig.

Feste Betten, die auch breiter und bequemer sind, haben die größeren Modelle. Die Kinder können hier gemütlich im Alkoven über der Fahrerkabine schlafen, die Eltern nehmen das Doppelbett im hinteren Teil (Achtung, manche Modelle haben hier Etagenbetten – das ist natürlich wenig elternfreundlich).

Der notwendige Bewegungs- und Stauraum für Familien mit mehreren Kindern macht ein großes Wohnmobil schon fast zur Pflicht; allerdings zeigen zahlreiche Erfahrungen von Reiseprofi-Eltern, dass man auch im kleinsten Campervan einen tollen Familienurlaub in Neuseeland machen kann.

2+2 berth Hitop Campervan für Familien mit wenig Komfort-Anspruch

10.5 Baby-Ausstattung

Prinzipiell muss man für Babys keinen eigenen Koffer mit Spezial-Ausrüstung packen; die Kleinen sind ungeheuer kompatibel und brauchen keine Sonderbehandlung.

Kleine Geheimtipps von erfahrenen Eltern können aber einen großen Unterschied machen, weil sie alles viel angenehmer machen. So ist ein kleiner Wasserkocher oder ein Tauchsieder für das Aufwärmen von Milchfläschchen sehr praktisch; in vielen Gemeinschaftsküchen findet man so etwas sowieso vor. Nützlich ist auch eine Thermoskanne, die das Wasser für die Zubereitung der nächtlichen Milchflasche warm hält, bis es gebraucht wird. Auf jeden Fall sollte man extra Trinkbecher und Kinderbesteck für sie mitbringen, die sind in der Campervan-Ausstattung nämlich nicht enthalten.

Gegen Mücken und vor allem die fiesen kleinen *sandflies* (deren Bisse stark jucken und sich schnell entzünden) ist ein Mückennetz eine gute Idee. Kleinere Netze werden über das Babybett gespannt, größere lassen sich wie ein Baldachin an der Decke befestigen oder werden gleich in die Eingangstür des Campervans gehängt.

Ein Badeeimer für Babys tägliche Wäsche lässt sich gleichzeitig als Waschschüssel nutzen. Auch größere Kinder, die schon trocken sind, freuen sich über ihr Töpfchen, wenn sie dann nicht nachts quer über den Platz (oder durch ein Gewitter) laufen müssen.

Die Campingstühle, die man in Neuseeland mieten oder kaufen kann, sind für Kinder unter 1,30 Meter ungeeignet. Entweder man legt ein festes Kissen unter oder man nimmt einen „richtigen" Babysitz mit; es gibt leichte, zerlegbare Plastik-Hochstühle zum Aufstellen oder zum Anklemmen an die Tischplatte. Krabbelkinder liegen gern auf einer wasserdichten, nach unten isolierten Spieldecke.

Ein Kinderwagen ist in Neuseeland fast nirgends sinnvoll, auch wenn er zusammenklappbar ist; auf unbetoniertem Boden ist er zu schwerfällig und im Wohnmobil nimmt er viel Platz weg. Als Alternative empfiehlt sich entweder ein klein zusammenklappbarer, wendiger Buggy, den man in eine Schlafposition bringen kann, oder eine Kindertrage (oder beides).

Ebenfalls überflüssig ist ein Reisebett; dafür ist selbst im größten Wohnmobil kein Platz. Das Spielzeug sollten Eltern auf ein absolutes Minimum reduzieren – fehlt es wirklich an Beschäftigung, gibt es in Neuseeland überall gängige Produkte zu kaufen. Tipp: Auf Wochenend-Märkten nach gebrauchten Spielzeug-Schnäppchen Ausschau halten!

10.6 Kinderfreundliche Campingplätze

Camping ist ja an sich bereits eine sehr kinderfreundliche Art des Reisens. Aber auch in Neuseeland, wo viele Campingplätze mit Spielplätzen und Swimmingpools ausgestattet sind, gibt es Kandidaten, die wenig kindersicher oder -freundlich sind.
Eltern sollten vorher ungefähr in Erfahrung bringen, wie ein Campingplatz angelegt ist und was er bietet – entweder durch einen Rundgang über den Platz oder durch einen Blick auf die Website, die fast jeder Holiday Park betreibt.

Auch wenn Kinder durchaus auf einen Spielplatz verzichten können; wenn die Sanitäranlagen nicht kindgerecht ausgestattet sind, stoßen Familien mit kleinen Kindern und Babys auf Probleme. Niedrige Waschbecken oder extra Kinderbadebecken für Babys gibt es nur sehr selten, Hochstühle oder gar Kinderbesteck wird man in keiner Gemeinschaftsküche finden. Auch die Family Parks, die sich Familienfreundlichkeit auf die Fahnen schreiben, machen hier keine Ausnahme (Animationsprogramme sind in Neuseeland generell unüblich).

Legt man Wert auf eine möglichst kleinkindgerechte Ausstattung und viel Service, empfehlen sich die 5-Sterne-Campingplätze der Top Ten Holiday Parks; hier haben zumindest einige Plätze eine kleinkindgerechte Einrichtung. DOC-Campsites bieten schon für Erwachsene wenig Komfort; für Kinder werden hier keine Extrawürste gebraten. Aber: Der Preis ist unschlagbar günstig und Kinder zahlen hier überhaupt erst ab Schuleintrittsalter.

Checkliste für einen kinderfreundlichen Campingplatz

Wie sehen die sanitären Anlagen aus?

- Können Kinder die Toiletten und Waschbecken allein erreichen?
- Können Kinder allein duschen?
- Kann man Kleinkinder bequem waschen oder baden?
- Gibt es eine Wickelgelegenheit?
- Wie weit sind die sanitären Anlagen vom Stellplatz entfernt? (Finden die Kinder die Toilette auch nachts und allein?)

Wie sehen Gemeinschaftsküche und Aufenthaltsraum aus?

- Sind Geschirr und scharfe Messer kindersicher verwahrt?
- Sind Heißwasserspender und BBQ unzugänglich für Kinder?

- Gibt es für Kinder geeignetes Geschirr und Besteck?
- Gibt es Spielsachen, Bücher oder eine richtige Spielecke für Kinder?
- Gibt es Spielsachen, Fernseher, Videospiele für die größeren Kinder? Kosten diese Dinge extra?

Wäsche:

- Was kostet die Bedienung der Waschmaschinen?
- Wie groß sind die Ladungen der Trommeln und wie lange läuft die Wäsche (siehe Kapitel 7.3)?

Baden:

- Hat der Platz Zugang zum Meer, einem See oder bietet er einen Pool?
- Hat die Badestelle einen kindgerechten, flachen und übersichtlichen Einstieg?
- Ist der Ausgang vom Campingplatz zur Badestelle abgesichert?
- Wird der Strand überwacht?
- Ist der Pool umzäunt und kindersicher verschlossen?
- Gibt es einen flachen Bereich und/oder einen Planschbereich im Pool?
- Ist der Pool gut instandgehalten, kann man sich beim Baden verletzen? (Auf offene oder fehlende Ansaugklappen und herumliegende Schläuche achten!)

Spielen:

- Sind andere Familien mit Kindern auf dem Campingplatz?
- Liegt der Spielplatz auf dem Campingplatzgelände?
- Sind die Spielgeräte einigermaßen intakt?
- Entspricht der Spielplatz dem Geschmack und dem Entwicklungsstand des eigenen Kindes?

Sicherheit:

- Gibt es viel Durchgangsverkehr auf dem Platz?
- Wie stark ist die Straße vor dem Campingplatz befahren?
- Gibt es auf dem Gelände oder direkt daneben nicht abgesicherte Teiche, Gruben, Schluchten usw.?
- Wie gut ist der Campingplatz abgezäunt?
- Wie gut ist der Campingplatz nachts beleuchtet?
- Ist der Campingplatz übersichtlich angelegt?
- Gibt es eine Beschilderung, an der sich größere Kinder orientieren können?
- Gibt es ansprechbare Angestellte, die auf dem Gelände sind?
- Zu welchen Uhrzeiten ist die Rezeption besetzt, welche Notfallpläne hängen aus?

10.7 Kinderbeschäftigung auf langen Fahrten

Jedes Kind hat Lieblingsspielsachen, die unbedingt mit auf die Reise sollen. Das Problem: Oft sind diese Spielzeuge ungeeignet, um sich damit mehrere Stunden auf dem Rücksitz eines Wohnmobils zu beschäftigen. Die Notlösung, die man vom Autofahren kennt – nämlich persönliche Bespaßung durch den Beifahrer –, ist im Wohnmobil problematisch, weil die Kinder hier oft so weit hinten sitzen, dass man schlichtweg nicht gemeinsam singen oder spielen kann.

Eine gute Vorbereitung ist nötig, wenn man die Kinder nicht ausschließlich mit elektronischen Geräten ruhigstellen will (was ab dem Grundschulalter natürlich hervorragend funktioniert ...). Gerade kleinere Kinder freuen sich über ein speziell für ihre Bedürfnisse und Vorlieben zusammengestelltes Spielzeug-Paket: In einer kleinen Tasche, einem Kinderrucksack oder einer einfachen Plastiktüte packt man dazu viele kleine Spielsachen zusammen, die vom Kind während der Fahrt allein ausgepackt und in Ruhe „entdeckt" werden können.

Kinder lieben Überraschungen. Das Ertasten und Erraten der verpackten Gegenstände gehört zur Spannung dazu! Jüngeren Kindern teilt man die Päckchen Stück für Stück zu, ältere können sich vielleicht schon an Vereinbarungen wie „beim nächsten Ortseingangsschild" oder „alle zwei Stunden" halten oder sie müssen das nächste auszupackende Spielzeug erraten, indem sie einen Geheimcode knacken oder eine Rätselfrage lösen. Aus bekannten und vertrauten Spielsachen, die „laaangweilig" sind, werden auf diese Weise spannende, neue Entdeckungen.

Papier und Stift sorgen für Beschäftigung

Das Spielzeug-Paket kann genau an die persönlichen Wünsche und Spielvorlieben des Kindes angepasst werden; geschickte Eltern planen auch das Reiseziel und die mitreisenden Geschwister ein. Wenn jedes Kind ein zum anderen passendes Teil auspackt, können alle wunderbar zusammen spielen und es gibt keinen Streit auf der Rückbank.

Was gehört in ein Spielzeug-Paket? Das hängt ganz von den Vorlieben des einzelnen Kindes ab; die Grundansprüche an jedes Teil sind lediglich, dass es möglichst klein und günstig sein soll und dabei maximalen Spielwert bieten muss. Schlecht ist alles, was klebt oder Schmutz macht oder was den Fahrer ablenken oder erschrecken kann.

Für stille Beschäftigung sorgen kleine (Wimmel-)Bücher, Stickeralben, tolle Steine, Logik-Trainer oder Flechtschnüre. Mit einem kleinen Schreibblock und Filzstiften oder einer Zaubertafel können sich Kinder allein und zu zweit lange beschäftigen; kleine Figuren, Tiere oder Matchbox-Autos können genauso spannend sein wie ein ausrangiertes Handy. Wer keine Angst um das Innenleben des Wohnmobils hat, der verteilt buntes Klebeband, Fensteraufkleber oder Knete. Die Größeren freuen sich auch über Gutscheine, etwa „Du bestimmst, wo wir die nächste Rast einlegen“ oder „Du darfst für eine Stunde auf den Beifahrersitz“.

10.8 Reiseübelkeit

Der Arzt nennt es „Kinetose“: eine bunte Mischung aus Schwindel, Kopfschmerzen und Übelkeit, die man beim Autofahren, an Bord von Schiffen, aber auch im Flugzeug bekommen kann. Wer nur leicht betroffen ist, der fühlt sich müde, muss häufig gähnen, ist abgeschlagen und muss vielleicht zwanghaft schlucken. Wird es schlimmer, kann aus Kopfschmerzen und Übelkeit dauerndes Erbrechen, Hyperventilieren und ein Kreislaufzusammenbruch werden.

Schlecht für Eltern mit Kindern zwischen zwei und zwölf Jahren: Genau diese sind am häufigsten und am stärksten von der Reisekrankheit betroffen. Aber auch Erwachsene sind dran; fast jeden hat es schon einmal erwischt, auch wenn er vorher noch nie daran gelitten hatte.
Das Gute: Selbst wenn man schon einmal schlimm reisekrank war, heißt das nicht, dass es am nächsten Tag ebenso gehen muss. Neben einem verwirrten Gleichgewichtssinn sind nämlich auch Stress, Angst und starke Gerüche Auslöser der Reisekrankheit.

Was kann man gegen Reisekrankheit tun und wie kann man reisekranken Kindern helfen? Zuerst heißt es, die Ursachen zu verstehen. Dazu gehört vor allem die falsche Reaktion des Hirns auf widersprüchliche Wahrnehmungen: Das Gleichgewichtsorgan meldet Stillstand, aber die Augen sehen einen Horizont in Bewegung. Klar, dass Kindergehirne besonders oft solche Fehlmeldungen erzeugen.

Erste Warnzeichen sind Müdigkeit, Blässe und Speichelfluss; Kleinkinder sabbern, größere Kinder schlucken häufig. Bekommen die Kinder warme und gerötete Wangen, klagen sie über Kopfschmerzen oder ist ihnen schwindelig, sollte sofort angehalten und an der frischen Luft pausiert werden – so vermeidet man hoffentlich den „Worst Case“ im Wohnmobil.

Neigt ein Kind bekanntermaßen zum Erbrechen, empfiehlt es sich, den Autokindersitz und die Rückbank prophylaktisch immer mit einem großen Handtuch abzudecken; immerhin will und muss man im Wohnmobil nachts auch schlafen! Eine wasserfeste Plastiktüte oder eine Schüssel sollten möglichst unauffällig in Griffweite sein. Weil grundsätzlich immer etwas daneben geht, sind Feuchttücher oder ein feuchter Waschlappen zum Reinigen und zum Erfrischen unentbehrlich; nach Wechselkleidung sollte man ebenfalls nicht allzu lange kramen müssen.

Vorbeugend sollten Reisekrankheits-Opfer immer auf dem Beifahrersitz oder am besten am Steuer sitzen – dies natürlich nur, wenn sie einen Führerschein haben. Auch auf dem Rücksitz ist die wichtigste Vorkehrung: immer die Straße im Auge behalten, nicht lesen oder malen, und mit offenen Fenstern fahren! Bei kleineren Kindern, die schnell abgelenkt sind, kann ein Sonnenschutz am Seitenfenster helfen, den Blick nach vorn zu lenken.

Statt fettiger Snacks oder schwerer Mahlzeiten vor Fahrtantritt sind ein paar Kekse, Apfelschnitze und kleine Schlucke Wasser zu empfehlen; Kinder, die gar nichts essen wollen, sollte man nicht dazu zwingen.

Ablenkung kann ein probates Mittel sein, besonders wenn ein größeres Kind nur darauf wartet, dass ihm wieder schlecht wird: etwa gemeinsame Sing- und Ratespiele, bei denen man hinaus schauen muss („Ich sehe was, was du nicht siehst …“). Zeigt ein Kind bereits Symptome von Reisekrankheit und kann auf absehbare Strecke nicht angehalten werden, muss ein Erwachsener mit auf den Rücksitz. Das ist besonders wichtig, falls es wirklich zum Äußersten kommt.

Ingwer hilft gegen Reiseübelkeit

Entwarnung gibt es, wenn die Kinder schlafen: Dann arbeitet das Gleichgewichtsorgan im Innenohr nicht. Ein Nackenkissen, das müde Kinderköpfe am Hin- und Herwackeln hindert, kann sehr nützlich sein. Um den Kreislauf nicht zu sehr zu belasten, sollten schlafende (und wache!) Kinder im Fahrzeuginneren nicht zu warm angezogen werden;

ist es sehr warm, kann ein kleiner Taschenventilator, ein kühler Waschlappen oder eine Sprühflasche mit Wasser helfen.

Das beste Mittel gegen Reisekrankheit: viel reisen! Tatsächlich ist nachgewiesen, dass häufiges Reisen die Symptome der Reisekrankheit erheblich verringert. Kinder wachsen mit dem Reifen des Gehirns meist von selbst aus der Kinetose-Anfälligkeit heraus.

Wirksame Mittel gegen Reisekrankheit?

- Ingwer sollte bereits 30 Minuten vor der Abfahrt genommen werden, nach vier Stunden lässt die Wirksamkeit nach. Nur die pure Wurzel oder medizinische Präparate helfen, Ingwerbonbons oder -stäbchen enthalten zu wenig Wirkstoff.
- Das homöopathische Mittel Cocculus hilft bei starkem Schwindel, Übelkeit, zittriger Schwäche und Erbrechen durch Reisekrankheit.
- Akupressur-Armbänder oder gekaute Limetten sind wahrscheinlich unwirksam, aber der Placebo-Effekt kann trotzdem helfen.
- Antihistaminika unterdrücken die Übelkeit, machen aber auch müde. Sie müssen eine Stunde vor Abfahrt eingenommen werden und wirken etwa vier Stunden. Schneller wirken Kaugummis und Zäpfchen für Kleinkinder.
- Spätestens fünf Stunden vorher, besser am Vorabend, müssen Scopolamin-Präparate genommen werden; dieser Wirkstoff ist sehr wirksam und macht nicht müde.

Kein verschreibungspflichtiges Medikament sollte routinemäßig „vorsichtshalber" verabreicht werden, schon gar nicht bei Kindern. Auch wenn es nett gemeint ist: Unbekannte Medikamente von Fremden sollten nicht angenommen werden!

10.9 Reisen in der Elternzeit – was zu beachten ist

Elternzeit ist Reisezeit; das finden immer mehr junge Eltern und eine Menge an Reiseberichten und Ratgebern von Gleichgesinnten zeigt, dass es gar nicht so abwegig ist, mit einem Baby zu verreisen. Dafür sprechen tatsächlich viele gute Gründe.

Für Neuseeland als Reiseziel entscheiden sich vor allem auch deshalb viele junge Eltern, weil sich (vor allem bei Angestellten mit wenig Urlaubszeit) nur mit so einer bezahlten Auszeit eine derart weite Entfernung sinnvoll zurücklegen lässt. Außerhalb der Schulferien kann man problemlos den neuseeländischen Sommer genießen.

Babys haben außer Geborgenheit, Nahrung und genügend Schlaf kaum Ansprüche (im Gegensatz zu älteren Kindern), und diese lassen sich überall befriedigen – egal ob zu Hause oder am anderen Ende der Welt in einem Campervan. Flugtickets sind wesentlich günstiger, Hotelbetten müssen nicht extra dazu gebucht werden und außer Windeln und vielleicht einigen Breigläschen benötigt ein Baby kaum Reisebudget. Ein angenehm mildes Klima, eine gute Infrastruktur, die Abwesenheit von gefährlichen Krankheiten und das Fehlen giftiger Tiere machen Neuseeland zum idealen Reiseziel mit Baby.

Als Dach der Sternenhimmel - auch in der Elternzeit

Jeder Arbeitnehmer, der mit seinem Kind in einem Haushalt lebt und es betreut, hat Anspruch auf Elternzeit und Elterngeld. Der Unterschied: Bei der Elternzeit handelt es sich im Prinzip um unbezahlten Urlaub; man ist bis zu drei Jahre lang versichert und mit einer Zusage auf Wiedereinstellung in seinem ruhenden Arbeitsverhältnis, aber ohne Gehalt oder Ersatzbezüge zu Hause.

Elterngeld kann in den ersten 14 Lebensmonaten des Kindes parallel zur Elternzeit (bei Selbstständigen auch unabhängig davon) beantragt werden; ein Elternteil, der maximal 30 Stunden pro Woche arbeitet und sich daneben um sein Kind kümmert, erhält dann vom Staat etwa zwei Drittel seines Einkommens erstattet (mindestens 300 Euro, höchstens 1800 Euro). Die nach skandinavischem Vorbild eingeführten „Vätermonate" bedeuten, dass jeder Elternteil höchstens zwölf Monate Elterngeld beziehen kann; die restlichen zwei Monate werden nur ausgezahlt, wenn sie vom Partner (in der Regel vom Vater) genommen werden.

Der Trick für reiselustige Eltern: Elterngeld und Elternzeit können auch von beiden Elternteilen gleichzeitig genommen werden. Dann bezieht die Familie zwar insgesamt für kürzere Zeit Elterngeld (und muss sich unter Umständen eine Übergangslösung für die Kinderbetreuung überlegen), aber zusammen mit angespartem Resturlaub ergibt sich so die verlockende Möglichkeit einer längeren „bezahlten" Reise.

Die Elternzeit soll Mutter und Vater Gelegenheit geben, sich in Ruhe als Familie einzurichten und den Bedürfnissen ihres Kindes nach Nähe der Eltern entgegenzukommen. Es steht in keinem Gesetz geschrieben, dass man das nicht auf einer Reise tun darf. Solange der Elterngeldempfänger ein (unbefristetes) Arbeitsverhältnis in Deutschland hat und sich zu „Urlaubs- und Erholungszwecken" im Ausland aufhält, ist auch der längerfristige Aufenthalt im Ausland völlig legal. Das Bundeselterngeldgesetz schreibt lediglich vor, dass der Bezieher von Elterngeld seinen „Wohnsitz oder seinen gewöhnlichen Aufenthalt" in Deutschland haben muss. Man muss also in Deutschland gemeldet und krankenversichert sein und zu diesem Zweck einen Wohnsitz nachweisen können, so dass sichergestellt ist, dass man von staatlichen Behörden erreicht werden kann.

Elternzeit-To do und Fristen

- Antrag auf Elternzeit und Elterngeldbezug stellen: spätestens sieben Wochen vor dem gewünschten Beginn der Elternzeit bzw. vor dem Ablauf der Mutterschutzfrist
- Gesetzliche Rentenversicherung informieren, welchem Elternteil die Erziehungszeit gutgeschrieben werden soll: zwei Monate ab Erhalt der ersten Elterngeldzahlung
- Reiseroute planen, Flugtickets und Wohnmobil buchen: vier bis sechs Monate vor der Reise
- Gespräch mit dem Kinderarzt, Impfstatus überprüfen: etwa zwei Monate vor der Reise
- Visum beantragen (bei Aufenthalten in Neuseeland über drei Monate): sechs bis acht Wochen vor der Reise
- Kinderreisepass beantragen (mit Passbild!): spätestens eine Woche vor der Abreise
- Auslandsreisekrankenversicherung für alle Familienmitglieder abschließen: ein paar Tage vor der Abreise (Police im Internet bezahlen und direkt ausdrucken)

Väter, die Elternzeit nehmen (und auch noch Elterngeld beziehen!) wollen, sollten den Antrag vorsichtshalber exakt in der Woche zwischen dem Ende der Beantragungsfrist (sieben Wochen vor Beginn der Elternzeit) und dem Einsetzen des Kündigungsschutzes (rückwirkend acht Wochen vor Beginn der Elternzeit) einreichen; nicht alle Vorgesetzten haben für solche „neumodischen" Ideen Verständnis.

10.10 Schulfreistellung – ja oder nein?

Während der Hauptsaison trifft man in Neuseeland kaum einmal deutsche Familien mit Kindern im Schulalter an. Wer als Deutscher mit schulpflichtigen Kindern nach Neuseeland reisen will, der hat ein Problem: Der neuseeländische Sommer geht von Mitte November bis Mitte Februar und eine Neuseelandreise lohnt sich erst ab drei Wochen Reisezeit. In dieser Zeit des Jahres gibt es aber in keinem Bundesland entsprechend lange Ferien; allenfalls zwei Wochen lassen sich mit Herbst- oder Winterferien abdecken.

Während es in fast allen anderen Ländern der Welt eine „Bildungspflicht" gibt, herrscht in Deutschland die wesentlich striktere „Schulpflicht", die alle in Deutschland wohnhaften Kinder – auch solche aus dem Ausland – zum Besuch einer staatlich anerkannten Schule verpflichtet. Es ist deutschen Eltern also nicht ohne Weiteres möglich, ihre Kinder im Rahmen einer Reise vom Unterricht freizustellen; auch nicht für einen Tag. Die genaue Regelung der Schulpflicht ist Ländersache und liegt hier wiederum im Gestaltungsspielraum der einzelnen Schule.

Generell gilt: Eine Beurlaubung vom Unterricht ist prinzipiell möglich, wird aber nur aus „wichtigem Grund" oder in einem „besonders begründeten Ausnahmefall" gestattet. Als solche gelten etwa Erholungsaufenthalte mit ärztlichem Attest, Dinge wie internationale Schüleraustausche oder die Teilnahme an Wettbewerben sowie wichtige persönliche Gründe (Hochzeiten oder Beerdigungen in der Familie, Umzüge oder schwere Erkrankungen von Familienmitgliedern). Urlaubsreisen fallen unter keinen dieser angegebenen „wichtigen Gründe", aber die Aufzählungen in den Schulverordnungen sind in diesem Bereich nicht abschließend. Man *könnte* also prinzipiell eine Ausnahmegenehmigung bekommen.

Den Antrag auf Beurlaubung für eine Reise nach Neuseeland sollte man zuerst dem Klassenlehrer oder der Klassenlehrerin vorstellen, und zwar frühzeitig. Höchstwahrscheinlich wird bei einer Freistellung von über einer Woche die Schulleitung mit einbezogen; diese entscheidet selten gegen die Einschätzung der Lehrkraft. Diese entscheidet auch, wie der Lernstoff in der ausgefallenen Zeit nachgeholt werden soll: Manche Lehrkräfte geben Unterrichtsmaterialien und Lernpläne für Schule „on the road" mit, andere bauen darauf, dass das Kind nach seiner Rückkehr den Stoff nachholt und bei längeren Fehlzeiten eventuell das verpasste Schuljahr wiederholt.

Das deutsche Schulgesetz ist sehr restriktiv, es gibt Lehrkräften aber einen großen Ermessensspielraum, um die Fähigkeiten und Bedürfnisse jedes einzelnen Kindes berücksichtigen zu können. Wird ein Kind als lernstark und integrationsfähig eingeschätzt und sieht die Lehrkraft auch selbst das Reisen als etwas Positives an, ist eine Beurlaubung von der Schule auch für mehrere Wochen durchaus möglich. Das zeigen die Beispiele vieler reisender Familien.

Wenn es nicht klappt mit der Freistellung

Es gibt keinen Rechtsanspruch auf eine Schulfreistellung – die Schulleitung kann den Antrag auf Beurlaubung ohne Weiteres ablehnen. In diesem Fall sollte man sich nicht eigenmächtig über die Schulpflicht hinwegsetzen; damit machen sich Eltern strafbar und es gibt genug Urteile, die das bestätigen.

Im Fall einer abgelehnten Beurlaubung gibt es zwei Alternativen:

- das Kind (zusammen mit einem Elternteil) für die Dauer der Reise in Deutschland abmelden; wer nicht gemeldet ist, der unterliegt auch nicht der Schulpflicht. Kindergeld wird auch in diesem Fall weitergezahlt, wenn der Zeitraum ein halbes Jahr nicht überschreitet.

- an eine andere Schule wechseln, von der man weiß, dass sie die Beurlaubung erlauben wird

Anhang: Budgetplanung, Checklisten und Links

Traumhafte Aussicht

Anhang: Budgetplanung, Checklisten und Links

Preise in Neuseeland

Neuseeland ist kein Schnäppchenziel – das sollte klar sein. Besonders teuer ist das Leben hier aber auch nicht; im Allgemeinen kosten Lebensmittel und Dinge des täglichen Bedarfs in Neuseeland ungefähr genauso viel wie in Deutschland. Auf der Nordinsel ist generell alles ein wenig teurer als auf der Südinsel und in den Städten liegen die Lebenshaltungskosten ein wenig höher als auf dem Land (mit Ausnahme von Benzin und Diesel – das bekommt man in den Städten günstiger). Auf die meisten Produkte werden 15 Prozent GST (*goods and services tax*) aufgeschlagen, die in den Preisangaben bereits enthalten sind – wie auch in Deutschland.

Während Fleisch, Agrarprodukte und Benzin in Neuseeland vergleichsweise billig sind (sie werden wesentlich niedriger besteuert als in Europa), ist alles, was aus Übersee importiert werden muss, zum Teil sehr teuer. Ohne staatliche Subventionierung sind auch Milch und Milchprodukte nicht allzu günstig, und seit dem „Smoke-Free Environments Amendment Act" von 2003 sind Tabak und Zigaretten extrem teuer.

Beispiele für landesweite Durchschnittspreise

1 l Milch: 2,58 NZD
1 Weißbrot (500 g): 2,62 NZD
Käse der Region: 10,13 NZD/kg
Äpfel: 3,61 NZD/kg
1 Flasche neuseeländisches Bier (0,5 Liter): 4,78 NZD
1 Packung Zigaretten (Marlboro): 20,59 NZD
1 Liter Benzin: 2 NZD
1 Cappuccino im Restaurant: 4,38 NZD
1 günstiges Essen: zwischen 15 und 25 NZD

(Quelle: numbeo.com, Stand: 01/2016)

Laut einer jährlich veröffentlichten Studie der University of Otago gibt ein Paar in Auckland pro Woche durchschnittlich 126 NZD für Lebensmittel aus – und das bei einer „einfachen Kost". Soll hin und wieder ein Bier oder ein gutes Steak drin sein, plant man besser 168 NZD pro Woche ein.

Was gibt es wo?

- **Camping- und Wanderzubehör:** fast nur in Auckland, Wellington und Christchurch in spezialisierten Stores von „Kathmandu" und „Kiwi Camping"
- **Geschirr, Werkzeug** und alles andere gibt es im großen roten „Warehouse". Wenn man das Gesuchte hier nicht findet, findet man es im Rest des Landes wahrscheinlich auch nicht.
- **Elektronik, Adapter, SIM-Karten** für das Handy usw.: „Dick Smith" oder „Smith City" sind die großen neuseeländischen Elektronikmärkte mit Filialen in vielen Städten; das Sortiment ist hier im Vergleich zu Europa aber nicht allzu breit, mitunter kommt man sich vor wie in Deutschland vor zwanzig Jahren.
- **Windeln und Babynahrung:** Die gibt es in Neuseeland natürlich, allerdings ist das Angebot geringer. Die bekannten Marken „Pampers" und „Fixies" sind außerdem recht teuer. Gute Babynahrung gibt es von „Watties", erhältlich auch in Bioqualität.

Spartipps:

- Günstig essen gehen: in Cafés und Take-aways statt in Restaurants
- Alkohol im Liquor Store kaufen und mit ins Restaurant bringen (*bring your own* – BYO – ist ganz normal)
- Wocheneinkäufe in den großen Supermärkten (Pak' n Save oder Countdown) machen

Geschirr und Werkzeug erhält man im „Warehouse"

Die großen neuseeländischen Supermärkte (Countdown [ehemals Woolworth], New World, Foodtown, SuperValue, Pak'n Save und Freshchoice) haben oft rund um die Uhr geöffnet, auch sonntags und an Feiertagen. Einzige Ausnahmen: der erste Weihnachtsfeiertag, Neujahr, Karfreitag und ANZAC Day (25. April, ein Nationalfeiertag zum Gedenken an den Ersten Weltkrieg). Man findet sie meist am Stadtrand oder an strategischen Sammelpunkten in der Mitte zwischen vielen kleinen Orten in dünn besiedelten Gegenden (etwa in Kaitaia im Northland). In Kleinstädten und Dörfern gibt es dagegen meist nur einen kleinen Four Square oder eine *superette*, die in der Regel bereits um 17 Uhr schließen und sehr viel teurer sind. In den Wohnvierteln von größeren Städten findet man auch *dairys*, wo man Dinge des täglichen Bedarfs bekommt – vergleichbar mit den Tante-Emma-Läden.

Vergleichstabelle: die wichtigsten Wohnmobilvermieter in Neuseeland

Vermieter	Fahrzeugalter	Büros
Alpha Campervans	3 bis 6 Jahre	Auckland, Christchurch
Die Marke für große Familien: Alpha Campervans stammen aus der Flotte von United und bieten Qualität für wenig(er) Geld. Alle Fahrzeuge sind Green Globe-zertifiziert und sehr bequem.		
Apollo	0 bis 3 Jahre	Auckland, Christchurch
Australischer Vermieter, seit 2003 in Neuseeland aktiv. Innovativ designte Fahrzeuge, gebaut vom eigenen Hersteller Talvor, eine der modernsten Fahrzeugflotten		
Bedmobil	k. A., Interieur 1 bis 3 Jahre	Auckland
Der günstige Familienbetrieb, der deutsch spricht: kleine, unauffällige, spartanisch ausgebaute Vans (26-l-Kühlschrank, tragbarer Herd, Campingtoilette zubuchbar)		
Britz	3 bis 5 Jahre	Auckland, Wellington, Christchurch, Queenstown (mit Extragebühren)
Angeblich größte Flotte Neuseelands; abgelegte Maui Campervans mit solider Qualität, ohne viele Extras		
Cheapa Campa	ab 3 Jahre	Auckland, Christchurch
Günstige (abgelegte Apollo-) Fahrzeuge, sehr schlicht ausgestattet, etwas älter		
Easygo Campers	5 bis 7 Jahre	Auckland, Wellington, Picton, Christchurch
Ältere Fahrzeuge der Pacific-Horizons-Flotte, Claim: „Keine versteckten Kosten!"		

Besonderes	Familien-Optionen	Standard-Paket
Inkl. Oneway Fee (nur von Christchurch nach Auckland), Transfer vom Flughafen zum Depot; Online-Checkin vorgeschrieben, Fahrzeugübernahme und -rückgabe nur während Büro-Öffnungszeiten!	Babyschale/Kindersitz 36 NZD; das 6-Berth-Motorhome hat 7 Sitze, davon 4 mit Kindersitz möglich	5000 NZD Selbstbeteiligung (abgebucht von Kreditkarte) Alle Schäden außer Scheiben, Inneneinrichtung und unsachgemäße Behandlung sind abgedeckt
Inkl. Transfer vom Flughafen zum Depot, „Welcome Pack" für die erste Nacht; All-inclusive-Option nur vorab buchbar, keine Ermäßigungen auf All inclusive; Oneway Fee zwischen 100 und 300 NZD	Kindersitz 30 NZD Hitop 2+1 erst ab 8 Jahre, keine Fahrzeuge für mehr als 2 Kindersitze geeignet	5000/7500 NZD Selbstbeteiligung (abgebucht von Kreditkarte) Schäden durch Roll over* sind abgedeckt!
Inkl. Transfers, Fährtarif für Autos, Fahrer ab 18 Jahre; Ausstattung mit Federkernmatratzen; alle Straßen außer 90 Mile Beach befahrbar; Option zum Kauf mit Buyback-Möglichkeit	Kindersitz buchbar, auf Website keine Angabe zu Kosten 3-Seater für 2 Erwachsene + 1 Kind; 6-Seater für 3 Personen vorn/3 hinten (trotzdem nur 1 Doppelbett!)	Für Fahrer ab 25 Jahre 1050 NZD Selbstbeteiligung (von Kreditkarte abgebucht)
Inkl. Transfer vom Flughafen zum Depot, Supermarkt-Discount-Karte; All-inclusive-Option nur vorab buchbar, keine Ermäßigungen auf All inclusive; Online-Checkin erforderlich; Oneway Fee zwischen 50 und 250 NZD	Babyschale/Kindersitz/Booster Seat 36 NZD; keine Fahrzeuge für mehr als 2 Kindersitze	5000/7500 NZD Selbstbeteiligung (abgebucht von Kreditkarte) Ausfallkosten während Reparaturzeiten (demurrage) sind abgedeckt
Inkl. „Welcome Pack", Flughafentransfer, Oneway Fee zwischen April und Oktober; Bettwäsche/Bettzeug 35 NZD/Person, 2. Fahrer 3 NZD/Tag	Kindersitz/Booster Seat 30 NZD (nicht im Cheapa Hitop und 2 Berth ST); im 4/6 Berth 110-l-Kühlschrank; keine Kinder unter 8 Jahren im Hitop; keine Fahrzeuge für mehr als 2 Kindersitze	2700 bis 5000 NZD Selbstbeteiligung (von Kreditkarte abgebucht) Ausfallkosten während Reparaturzeiten (demurrage) sind abgedeckt
Inkl. Starterpack, Oneway Fee, Transfers; alle Fahrzeuge sind mit heißem Wasser und Heizung ausgestattet	Babyschale/Kindersitz/Booster Seat 31 NZD; 3 Kindersitze möglich im 6 Bett Motorhome	4500 NZD Selbstbeteiligung (keine Abbuchung von der Kreditkarte!), auch Travellers Cheque oder Bargeld möglich Auch Schäden am Unterboden und Dachaufbau sind abgedeckt

Vermieter	Fahrzeugalter	Büros
Escape Rentals	4 bis 5 Jahre (und älter!), Innenausstattung ca. 18 Monate	Auckland, Christchurch (Wellington/ Queenstown mgl. für Aufpreis)
Einfache, aber einzigartig bemalte Kastenwagen-Campervans für max. 3 Erwachsene (Achtung, keine Stehhöhe!)		
Iconic Motorhomes	95 Prozent sind unter 1 Jahr alt	Auckland, Christchurch
Der Luxus-Anbieter: 5-Sterne-Fahrzeuge made in UK und von allen Mietern hochgelobt		
Jucy Campas	bis 12 Jahre	Auckland, Christchurch, Queenstown, Wellington
Der Budget-Vermieter konzentriert sich auf jüngere, preisbewusste Kunden ohne viel Komfort-Anspruch.		
Kea Campers	0 bis 2 Jahre	Auckland, Christchurch
Hohe Qualität und guter Service; eigens angefertigte Fahrzeuge, clever designt und hochwertig ausgestattet		
Maui Motorhomes	0 bis 3 Jahre	Auckland, Christchurch, Queenstown
Große Flotte, alle Fahrzeuge (Mercedes!) mit Automatik, Slogan: „apartment styled living on the road"		
Mighty Campervans	über 6 Jahre	Auckland, Christchurch, Queenstown (95 NZD Aufpreis)
Ehemals „Backpacker Campervans": Mighty ist der Budget-Anbieter auf dem Markt, dafür gibt es wenige Extras. Die Fahrzeuge sind ausrangierte Britz- und Maui-Campervans.		

Besonderes	Familien-Optionen	Standard-Paket
Fahrer ab 18; sehr schlichte Ausstattung ohne Kühlschrank und Elektrizität im Innenraum; portable Toilette für „self containment"-Zertifikat für 10 NZD	Kindersitz 30 NZD, max. 1 Kind auf Beifahrersitz Kinder unter 1 Jahr sind nicht zugelassen!	3000 NZD Selbstbeteiligung (4000 NZD für Schaden ohne Fremdbeteiligung), Abbuchung von Kreditkarte, auch Bargeld möglich Premium Paket: Schäden am Unterboden und Dachaufbau sind abgedeckt, Gravel Roads erlaubt Kein Ersatzfahrzeug bei Roll over*!
Alle Modelle mit Rückwärtskameras, Road User Charge (ab 13 Tage Mietdauer); unbegrenzte km erst ab 21 Tage Mietdauer; Verkauf von Swift-Campervans	Babyschale/ Kindersitz/Booster Seat 55 NZD 4 Luxusmodelle mit mindestens 4 Plätzen	5000 bzw. 7500 NZD Selbstbeteiligung (abgebucht von Kreditkarte), auch bei Null-Selbstbehalt 500 bzw. 1000 NZD Kaution! Schäden durch Fahren auf Gravel Roads sind nicht abgedeckt, nur 1 Reifenschaden und 1 Windschutzscheibe ist abgedeckt
Fahrer ab 18 Jahre; 24 Stunden Notfall-Service	Kindersitz 40 NZD (keine Garantie auf Vorhandensein!); Jucy Condo mit (Außen-)Dusche und (portabler) Toilette, 4 Betten und 5 Sitzplätzen, Casa Plus: 6 Sitzplätze; keine Fahrzeuge für mehr als 2 Kindersitze	5000/3000 NZD Selbstbeteiligung (abgebucht von Kreditkarte) Schäden an Reifen und Windschutzscheibe sind nur mit All Inclusive Option abgedeckt
Inkl. Diesel Tax, Flughafen-Hoteltransfer, Oneway Fees, GPS, mobiles WiFi, Campingmöbel, landesweiter Pannendienst; Safe, Flatscreen-TV, DVD-Player, Solarpanels usw.	Babyschale/Kindersitz/Booster Seat inkl. Alkoven-Bett mit Sicherheitsnetz 6 Bett Motorhome mit 3 Kindersitz-Plätzen	Kaskoversicherung ohne Selbstbeteiligung inkl., Kaution bei Fahrzeugübernahme 250 NZD (wird von Kreditkarte abgebucht); alle Schäden sind abgedeckt, auch an Inneneinrichtung, abseits öffentlicher Straßen und durch Roll over*!
Inkl. Tablet mit GPS, Transfer vom Flughafen zum Depot, landesweiter Pannendienst, Supermarkt-Discountkarte; Online-Checkin nötig; Oneway Fee zwischen 50 und 250 NZD	Kindersitz 36 NZD Platinum River mit 4 Kindersitz-Plätzen	7500 NZD Selbstbeteiligung (abgebucht von Kreditkarte)
Inkl. Rund-um-die-Uhr-Werkstatt-Service, Transfer vom Flughafen zum Depot, Tablet mit GPS, Fahrer bei einigen Modellen ab 18 Jahre; Oneway Fee bis 250 NZD, Online-Check-in und -Check-out Pflicht, sonst 50 NZD Aufpreis	Kindersitz/Booster Seat 36 NZD Keine Fahrzeuge für mehr als 2 Kindersitze; außer im „Double up" (4 Sitze) nur Kinder ab 4 bzw. 8 Jahre erlaubt; Kühlschrank max. 60 l, kein Spülbecken, im „Jackpot" ist das 3. Bett eine Hängematte!	3500 NZD Selbstbeteiligung (abgebucht von Kreditkarte) für „Jackpot", 5000 NZD für „Double Up"; Kaution 7500 NZD; Schäden an Inneneinrichtung, abseits öffentlicher Straßen und durch Roll over* sind nur mit All Inclusive Option abgedeckt; keine Übernahme von „demurrage"-Kosten im Basic-Tarif

Vermieter	Fahrzeugalter	Büros
Pacific Horizon	2 Jahre, gegen Aufpreis Modelle bis 18 Monate	Wellington (in Auckland, Christchurch und Picton gegen Aufpreis)
Der Klassiker: viele Büros, kaum Kastenwagen-Modelle, faire Preisgestaltung! Budget-Ableger: easygo Campers		
Spaceship Rentals	15 Jahre, neue Innenausstattung	Auckland, Christchurch
Unkonventionelle Vans mit Extra-Ausstattung: wendig und sparsam wie ein Auto, günstiger als ein Campervan.		
United Motorhomes	unter 3 Jahre	Auckland, Christchurch
Alle Modelle (Mercedes!) mit neuester umweltfreundlicher Motortechnik		
Wendekreisen	Bis 6 Jahre (Koru-Linie)/ ab 10 Jahre (Budget-Linie)	Auckland, Christchurch
Der Geheimtipp: vergleichsweise günstig und mit angenehm fairer Versicherungspolitik		
Wicked Campers	Keine Angabe, aber offensichtlich alt; 2010 wurde die australische Flotte wegen Sicherheitsbedenken komplett ausgetauscht	Auckland, Christchurch, Queenstown
Die Coolen unter den Günstigen, aber in Neuseeland sehr kontrovers gesehen: Jeder Wicked Camper ist individuell lackiert (wobei sich einige Graffitis derb im Ton vergreifen), kaum Ausstattung und wenig Platz		
Wilderness	1 bis 6 Jahre	Auckland, Christchurch
Die Beliebten (beste Bewertungsrate bei „Rankers") und Nachhaltigen: „Enviro Award Gold", für 1 NZD pro Tag kann man den CO_2-Fußabdruck der Wohnmobil-Miete durch Wiederaufforstung ausgleichen lassen		

Anmerkung:
Die Tabelle enthält bewusst keine Preisangaben für die Tagesmiete. Die Preise schwanken je nach Saison, Buchungszeitpunkt, Buchungszeitraum usw. erheblich und werden dann noch von Flex Rates gänzlich unvorhersehbar gemacht. Wir haben uns daher auf zentrale Informationen wie die Modelle,

Besonderes	Familien-Optionen	Standard-Paket
Inkl. LPG, Oneway Fee und Diesel Tax; Flughafen-/Hotel-/Fährterminaltransfer, keine Kreditkartengebühr!	Kindersitz/Booster Seat 31 NZD; beim „2+1 Big Bed Motorhome" ist der 3. Sitz im Wohnbereich mit Beckengurt; Luxusmodell SAM (6 Personen) mit 6 vorwärts gerichteten Sitzen, 4 Kindersitz-Plätzen und 2 Wohnbereichen	4500/2500/1800 NZD Selbstbeteiligung (auch bar möglich, keine Abbuchung von der Kreditkarte!) Alle Schäden außer durch unsachgemäße Behandlung sind abgedeckt!
Inkl. Oneway Fee, Diesel Tax, Transfer vom Flughafen zum Depot (Auckland: auch Hotel), Fahrer ab 18, Pick-up/Drop-off außerhalb der Öffnungszeiten, 24-Std.-Pannendienst, Reiseführer „NZ Frenzy"	Kindersitz 50 NZD; „Beta 4 Bett" hat nur eine Kindersitz-Befestigungsmöglichkeit hinten, Doppel-Ausklappbett an der Heckklappe	3000/5000 NZD Selbstbeteiligung (nicht abgebucht von Kreditkarte!)
Inkl. Diesel Tax, Flughafen-/Depottransfer, Supermarkt-Discount-Karte; Oneway Fee Christchurch-Auckland 100 NZD; alle Modelle beheizbar und „self contained"	Kindersitz/Booster Seat 36 NZD; „6 Premier Motorhome" mit 4 Kindersitz-Plätzen	5000 NZD Selbstbeteiligung (abgebucht von Kreditkarte) Alle Schäden außer Scheiben, Inneneinrichtung und unsachgemäße Behandlung sind abgedeckt
Inkl. Diesel Tax, Oneway Fee, Transfer vom Flughafen zum Depot, Kindersitz/Booster Seat, keine Kreditkartengebühr	Kindersitz/Booster Seat inklusive (keine Babyschalen!), „Koru 6 Bett" (Mitsubishi Canter) mit 7 Sitzplätzen, zwei Fahrzeuge mit je 4 Kindersitz-Plätzen	1500 NZD Selbstbeteiligung (keine Abbuchung von Kreditkarte!) für Fahrer ab 25 Jahre Gravel Roads sind erlaubt, Schäden durch Roll over* nicht abgedeckt
15 Prozent Rabatt auf Fährtickets von Blue Bridge, Fahrer ab 18; Drop-off außerhalb der Öffnungszeiten möglich; Bettwäsche und Kissen nicht inkl.; auch im 5-Sitzer gibt es nur ein Doppelbett!	Kindersitze werden nicht vermietet; Kindersitz-Befestigung nur im Mini Camper 3 (eine); nicht Freedom-Camping-tauglich	3000 NZD Selbstbeteiligung (abgebucht von Kreditkarte) Schäden an Windschutzscheibe und Reifen sind nur im Premium Paket abgedeckt
Alle Fahrzeuge sehr modern (deutsche Marken) und self contained, mit MP3, CD-/DVD-Player; größere Modelle mit Gas-/Dieselheizung; keine Kreditkartengebühren	Kindersitz/Booster Seat 50/75 NZD, Baby-Hochstühle (5 NZD/Tag) Nur „Summit 5" bietet 2 Kindersitz-Plätze!	7500/950/450 NZD Selbstbeteiligung (keine Abbuchung von Kreditkarte) ; Dach- und Unterbodenschäden, Unfälle ohne Fremdbeteiligung, Kosten für Abschleppen/Bergen sind abgedeckt

die Ausstattung und Versicherungsbedingungen konzentriert. Diese Auflistung soll nur einen Überblick zu Vergleichszwecken geben – eine genaue Recherche direkt beim Anbieter ist in jedem Fall trotzdem dringend anzuraten!

**Roll over: Schäden durch Fahrzeugüberschlag*

Check- und Packlisten

To-do-Liste Reisevorbereitung

Wann zu tun?	Was ist zu tun?	Erledigt
11 bis 5 Monate vorher	Flug buchen	
Sofort nach Buchung!	Reiserücktrittsversicherung abschließen	
8 bis 5 Monate vorher	Wohnmobil mieten	
5 bis 3 Monate vorher	nötige Visa beantragen (auch für Stopover-Aufenthalte!)	
6 bis 2 Monate vorher	Zwischenmieter für Wohnung suchen	
3 Monate vorher	Impfungen auffrischen	
3 bis 2 Monate vorher	Great Walks buchen (in der Hauptsaison)	
2 Monate bis 3 Wochen vorher	Reisepass auf Gültigkeit prüfen, verlängern oder beantragen	
	Kinderreisepass beantragen	
	Internationalen Führerschein beantragen	
1 Monat vorher	Abos kündigen/umleiten	
	Kreditkarten-Verfügungsrahmen prüfen (für Zahlung der Selbstbeteiligung!), Abbuchungsgebühren im Ausland recherchieren	
	Betreuung für Haustiere und Ansprechperson für Notfälle festlegen	
	Packliste erstellen, fehlende Ausrüstung kaufen	
3 Wochen vorher	Neue Wanderschuhe einlaufen	
2 Wochen vorher	Post umleiten lassen	
	Beglaubigte Übersetzung des Führerscheins erwerben	
	Unterkunft für erste Nacht buchen	
1 Woche vorher	Auslandsreisekrankenversicherung beantragen (online)	
	Offene Rechnungen begleichen, Daueraufträge einrichten etc.	
	Taschen und Rucksäcke beschaffen, Gepäckbestimmungen für Flugzeug herausfinden	

Wann zu tun?	Was ist zu tun?	Erledigt
1 Woche vorher	US-Dollar oder NZ-Dollar bar eintauschen	
Einige Tage vorher	Alle Kleidungsstücke von der Packliste waschen und einpacken	
	E-Mail-Abwesenheitsnotiz, Online-Verkäuferlisten deaktivieren etc.	
	Anreise zum Flughafen klären	
	Abschiedspartys und -besuche	
48 Stunden vorher	Express-Reisepass beantragen	
24 Stunden vorher	Umpacken, Gepäck reduzieren	
1 Tag nach Ankunft	Sonnencreme, Moskito-Repellent, Adapter, Handy-SIM-Karte etc. kaufen	
Spätestens 2 Tage nach Ankunft	Lebendmeldung bei den Lieben in der Heimat	
Während der Reise, ca. 2 Wochen vor Wunschtermin	Fähre Nord-/Südinsel reservieren (nur in der Hochsaison nötig)	

Notizen

Packliste für den Wohnmobil-Urlaub		Erledigt
Handgepäck	Pässe	
	Flugticket	
	Kreditkarten	
	Kleines Bargeldreservoir in NZ-Dollar und US-Dollar (Stopover)	
	Stift (fürs Ausfüllen der Immigration Card)	
	Wichtige Dokumente: Voucher für Wohnmobil-Verleih Voucher für Auslandsreisekrankenversicherung Voucher für CDW Ersatz-Passbilder Impfausweise Führerscheine (international oder beglaubigte Übersetzungen)	
	Notration Verpflegung (Knabberzeug, Müsliriegel)	
	Komplettes Set Wechselsachen für jeden	
	Warmes Shirt/Fleecejacke, dicke Socken oder Hausschuhe für jeden, kleiner Kulturbeutel mit Zahnbürsten, Zahnpasta, Deo, Feuchttüchern	
	Bonbons, Kaugummis etc. (Achtung: Einfuhr von Kaugummi ist in Singapur verboten!)	
	Nasenspray (richtiges und/oder mit Meerwasser)	
	Notfalltropfen, Aspirin, regelmäßig benötigte Medikamente	
	Buch	
Technik (am besten ins Handgepäck)	Handy/Smartphone	
	Fotoapparat	
	Extra Speicherkarte für den Fotoapparat	
	Ladegeräte für alle elektronischen Geräte	
	CDs/Festplatte mit Filmen, Hörspielen, Musik …	
	Laptop, Netbook oder Tablet	
	Kensington-Schloss für elektronische Geräte	
Kleidung	höchstens drei Sätze Kleidung pro Person: Shirts (lang und kurz) Hosen Strümpfe Schlafsachen Wechselwäsche für maximal eine Woche	

Packliste für den Wohnmobil-Urlaub		Erledigt
Kleidung	Regensachen: Regenjacke oder winddichte Softshelljacke für jeden Regenhosen für die Eltern (nur für längere Wanderungen)	
	Dünne Fleecejacke für jeden	
	Badesachen und Handtücher	
	Halstücher	
	Sonnenhüte, Sonnenbrille	
	Schuhe: wasserfeste Sandalen wasserfeste Turnschuhe/Wanderschuhe Flipflops oder Schlappen	
Praktisches	Kulturbeutel (evtl. zwei getrennte für Jungs und Mädchen)	
	Handtücher	
	Reiseapotheke, Verbandszeug	
	Messer (nicht ins Handgepäck!)	
	Gaffa-Tape, Haken mit Saugnäpfen	
	Reparatur-Kit: Schere, Nähzeug, Schnur, Leim, Ziplock-Bags, Schnipsgummis	
	Fernglas	
	Taschenlampen oder Stirnlampen, Laterne für den Tisch	
	Wäscheleine, Klammern	
	Regenschirm	
	Würfelbecher, Spielkarten, Reiseschach etc.	
	Daypack, kleine Umhängetasche	
	Trinkflaschen	
	Stabile Strandtasche	

Notizen

Packliste für Familien mit kleinen Kindern		Erledigt
Ins Handgepäck	Kinderreisepässe, Kinderimpfausweise, Extra-Passbilder	
	Minispielzeuge, Pixibücher, Puppen	
	Wickelzeug, Ersatzschnuller, Schnuffeltuch, Fläschchen	
	Trinkflaschen	
	CARES-Gurtsystem	
Spielzeug	Kleine Bilderbücher	
	Vorlesebuch für abends	
	Bunter Pfeifenreiniger zum Figurenbiegen	
	Mal- oder Tagebuch mit leeren Seiten, Stifte	
	Kleine Autos/Fingerpüppchen/Männchen	
Kleidung	Höchstens fünf Sätze Kleidung pro Kind: Shirts (lang und kurz), Hosen, Strümpfe, Schlafsachen, Wechselwäsche	
	Regen-/Matschhosen	
	Badesachen: UV-Schutzkleidung Schwimmflügel	
	Halstücher	
	Sonnenhut, Sonnenbrille	
Praktisches	Buggy/Kinderwagen oder Trage	
	Nackenkissen (Hörnchen)	
	Kinderschlafsack	
	Kinderbesteck, -geschirr	
	Lätzchen, Waschlappen	
	Windeln für 2 bis 3 Tage	
	Wasserdichte Unterlage	
	Wasserfeste Picknickdecke für Krabbelkinder	
	Evtl. Strandmuschel	
	Evtl. Kinderhochstuhl (an die Tischplatte anklemmbar oder mit abnehmbaren Beinen)	
	Evtl. DVD-Player	
	Plastik-Trinkbecher, -Schüsseln oder -Teller und Kinderbesteck	

Ausstattungscheckliste für das Wohnmobil		Geprüft
Was muss vorhanden sein?	Abschleppseil, Ersatzrad, Wagenheber	
	Ausgleichskeile zum Parken auf unebenen Flächen	
	Schneeketten und Eiskratzer (zwischen März und September)	
	Zusätze für die Campingtoilette und den Wassertank	
	Volle Gasflasche	
	Handbesen	
	Warnwesten für die ganze Familie	
	Küchenausstattung (auf Vollständigkeit prüfen!) Geschirr (tiefe Teller oder Schüsseln, Teller, Tassen, Trinkgläser, Weingläser), Besteck und Geräte (Dosenöffner, Korkenzieher, Flaschenöffner, Kochlöffel, Schneebesen), mind. 2 Töpfe mit Deckeln und eine Pfanne, mind. 2 Schneidbretter, Nudelsieb. Teesieb, Teekessel	
	Bettwäsche, -decken und Kopfkissen, Handtücher für jeden	
	Wäscheleine und Klammern	
Extra mieten	Für Kinder: Kindersitze für jedes mitreisende Kind	
	Campingmöbel (Tisch und Stühle)	
Was gehört ins Führerhaus?	Ersatzschlüssel, Kfz-Schein für das Wohnmobil	
	Mietbestätigung	
	Versicherungsschein, evtl. ADAC-Mitgliedskarte	
	Bargeld, Kreditkarten	
	Reiseführer und Straßenkarten	
	CDs oder Adapter für das MP3-Radio	
	Laptop, Tablet oder externe Festplatte	
	Adapter und Ladekabel	
	Fotoapparat, Camcorder etc.	
	Handy/Smartphone	
	Sonnenbrillen	
	Taschenlampe mit Ersatzbatterien	
	Kensington-Schloss	
	Erste-Hilfe-Kasten	

Übernahme-Checkliste für gemietete Wohnmobile		Geprüft
Fahrzeugäußeres	Sind Scheiben und Spiegel unbeschädigt?	
	Sehen die Scheibenwischer intakt aus? Funktioniert die Scheibenwaschanlage?	
	Funktionieren jeweils Scheinwerfer, Blinker und Bremsleuchten?	
	Lassen sich alle Türen am Fahrzeug gut öffnen und schließen?	
	Gibt es Roststellen an der Karosserie?	
	Sind die Reifen in gutem Zustand (Profiltiefe checken)? Ist der Druck ausreichend?	
	Funktioniert die Dachklappe?	
	Sind Fahrerhaustüren- und Scheibendichtungen in Ordnung? Sind Moos, Feuchtigkeit oder Schimmel am Fahrzeug zu erkennen?	
Fahrzeuginneres	Sind Reserverad, Wagenheber, Warndreieck und Werkzeug vorhanden? Ein Erste-Hilfe-Kasten?	
	Funktioniert das Radio, der CD-Player etc.?	
	Gibt es im Fahrzeuginneren sichtbare Beschädigungen?	
	Sind die Fensterverschlüsse, Gardinen und Moskitonetze in Ordnung?	
	Sind die Polster und Matratzen in Ordnung? (Auch darunter schauen!)	
	Lassen sich alle Schubladen und Schranktüren öffnen, schließen und verriegeln?	
	Funktionieren alle Kochplatten und alle elektrischen Geräte?	
	Führen alle Steckdosen Strom (mit einem kleinen elektrischen Gerät prüfen, z. B. Reiseföhn)?	
	Funktionieren Wasserhähne und Toiletten, ist der Abfluss frei?	
	Ist der Abwasserschlauch intakt? (Vollständig herausziehen!)	
	Schaltet sich die Wasserpumpe automatisch ab?	
	Funktioniert der Kühlschrank, die Klimaanlage, die Innenbeleuchtung, der Fernseher?	
	Ist die Bettwäsche-Ausstattung vollständig?	
	Ist die Ausstattung an Geschirr und Besteck vollzählig und unbeschädigt?	

Übernahme-Checkliste für gemietete Wohnmobile		Geprüft
Extras	Sind alle bestellten Extra-Gegenstände im Fahrzeug?	
	Sind die geliehenen Kindersitze in Ordnung?	
	Sind die geliehenen Campingmöbel, Fahrräder usw. intakt und funktionsfähig?	
	Sitzt der Fahrradträger fest und verfügt er über eine Warntafel?	
Fahrtest	Springt der Motor gut an? Kommt kein blauer Qualm aus dem Auspuff?	
	Lassen sich die Gänge ohne Gewalt einlegen?	
	Funktionieren die Bremsen?	
	Zieht der Motor beim Losfahren?	
	Fährt das Wohnmobil geradeaus, wenn man das Lenkrad kurz loslässt?	
	Quietscht oder klappert das Wohnmobil beim Fahren oder beim Bremsen?	
Übergabe	Ist der Tank voll?	
	Ist die LPG-Gasflasche voll?	
	Sind die Plaketten für WOF, Vehicle Licence und evtl. der „self contained Campervan"-Sticker angebracht?	
	Wurden alle Funktionen, die man nicht kennt, erklärt?	
	Wo kann man den Füllstand von Öl, Kühlwasser und Scheibenwaschanlage nachsehen, ist alles aufgefüllt?	
	Ist die Betriebsanleitung im Handschuhfach?	
	Sind der Fahrzeugschein und Kontaktinformationen des Vermieters vorhanden?	
	Wurden alle Punkte im Übergabeprotokoll besprochen und ausgefüllt?	

Alle verdächtigen oder strittigen Stellen fotografieren!

Notizen

Einkaufsliste für den ersten Einkauf: Wohnmobil-Grundausstattung		Erledigt
	Sonnencreme	
	Insect Repellent (*sandflies!!*)	
	Adapter für elektronische Geräte (testen!)	
	Grundausstattung Essen: Salz Pfeffer Toastbrot Nudeln Reis Kartoffeln Zwiebeln Dosengemüse frisches Gemüse frisches Obst	
	Feuerzeug oder Streichhölzer	
	Spültücher, Wischlappen oder Schwamm, Spülmittel, Topflappen	
	Müllbeutel, Alufolie	
	Toilettenpapier	
	Küchenpapier	
	Waschschüssel	
	Scharfes Messer	
	Waschmittel, Spülmittel usw.	
	Duschbad, Shampoo usw.	
	Taschentücher, Feuchttücher	
	Angel, Zubehör und Köder (bait)	
Für Kinder	Windeln	
	Evtl. Kinderhochstuhl (an die Tischplatte anzuklemmen oder mit abnehmbaren Beinen)	
	Babybrei, Milchpulver etc.	
	Sandspielzeug	
	Ball	

Campingplatz-Checkliste		Geprüft
Allgemein	Wie viele Stellplätze gibt es auf dem Platz bzw. sind frei?	
	Wo liegen *powered* und *unpowered sites*?	
	Wie viel Platz ist zwischen den Stellplätzen?	
	Ggf.: Sind die Stellplätze schattig?	
	Gibt es eine freie Picknickbank zum Essen in der Nähe des Stellplatzes?	
	Wie ist die Gemeinschaftsküche (*communal kitchen*) ausgestattet?	
	Gibt es einen Aufenthaltsraum (*communal room*), wie ist er ausgestattet?	
	Wie funktionstüchtig sind Waschmaschinen und Trockner?	
	Wie weit sind die sanitären Anlagen entfernt? Wann werden sie gereinigt?	
	Sind warme Duschen kostenlos oder muss man sie extra bezahlen (*metered*)?	
	Gibt es Waschgelegenheiten mit Privatsphäre, wenn man nicht duschen will?	
	Gibt es einen Föhn?	
	Gibt es eine Einkaufsmöglichkeit auf dem Platz?	
	Gibt es Internet-Zugang über WLAN oder nur an einem fest installierten PC?	
	Ist WLAN von allen Stellplätzen zugänglich?	
	Wann ist Check-out und wie streng wird die Einhaltung dieser Zeit angemahnt?	
Für Familien	Ab welchem Alter zahlen die Kinder und wie viel?	
	Ist der Platz kindersicher (eingezäunt, nicht direkt am Highway)?	
	Gibt es nicht abgesicherte Gefahrenbereiche (Teiche, Gruben, Schluchten) auf dem Platz?	
	Gibt es eine Erste-Hilfe-Ausstattung oder Notfallversorgung?	
	Gibt es ein Familienbad, eine Wickelgelegenheit oder niedrige Kinderwaschbecken?	
	Gibt es einen Spielplatz, wie ist er ausgestattet?	
	Gibt es einen Pool und wenn ja, ist er beheizt und hat er einen separaten Kinderbereich?	
	Gibt es einen Aufenthaltsraum mit Spielecke?	

Die schönsten Campingplätze in Neuseeland

Wo?	Name	Kontakt
Nordinsel		
Northland/Kaeo	Matauri Bay Holiday Park	Matauri Bay, RD 1 Kaeo +64 9405 0525 www.matauribayholidaypark.co.nz
Northland/Kaitaia	Wagener Holiday Park	Houhora Heads Road, RD 4, Kaitaia +64 9409 8511 www.wagenerholidaypark.co.nz
Bay of Islands/ Paihia	Twin Pines Tourist Park	340 Puketona Rd, Haruru Falls +64 9402 7322 www.twinpines.co.nz
Pakiri	Pakiri Beach Holiday Park	261 Pakiri River Road, Wellsford, 0972 +64 9422 6199 www.pakiriholidaypark.co.nz
Auckland	Takapuna Beach Holiday Park	22 The Promenade, Takapuna, Auckland 0622 +64 9489 7909 www.takapunabeachholidaypark.co.nz
Auckland	Miranda Holiday Park	595 Front Miranda Rd, RD 6, Thames, 3576 +64 7867 3205/ 0800 833 144 (kostenlos) mirandaholidaypark.co.nz
Coromandel	Cooks Beach Resort	874 Purangi Rd, Cooks Beach RD1, Whitianga 3591 +64 7866 5469 www.cooksbeachcamp.co.nz
Raglan	Ruapuke Beach Motor Camp	1510 Whaanga Road, Raglan 3296 +64 7825 6800 www.ruapukemotorcamp.co.nz
Matamata	Opal Hot Springs & Holiday Park	257 Okauia Springs Road, Matamata +64 7888 8198 / 0800 800 198 (kostenlos) www.opalhotsprings.co.nz
Bay of Plenty/ Omokoroa	Omokoroa Kiwi Holiday Park	165 Omokoroa Rd, Tauranga +64 7548 0857 / +64 508 438 468 (kostenlos) www.omokoroa.com
Bay of Plenty/ Tauranga	Mount Maunganui Beachside Holiday Park	1 Adams Avenue, Mount Maunganui + 64 7575 4471 / 0800 682 3224 (kostenlos) www.mountbeachside.co.nz

Ausstattung	Preis (Powered Site f. 2 Personen)
Großer Platz 30 km von Kerikeri, 87 powered sites, Shop, Tankstelle; Kinder zahlen ab 2 J., Beachfront kostet extra	34 bis 56 NZD
Qualmark ***, Enviro Silver Award; „klassischer" Kiwi-Campingplatz mit 120 powered sites am Houhoura Harbour mit Pool und Spa, Shop, WLAN, Spielplatz, überdachtem Aufenthaltsbereich, Duschen extra	34 bis 43 NZD
Gelände an den Haruru Falls, 3 km von Paihia, 10 powered sites, 50 Zeltplätze, große moderne Küche, WLAN, Spielplatz und Spielzimmer	34 bis 40 NZD
Qualmark ***plus; großer, ruhiger Platz direkt am 9 km langen Strand mit Fluss, Dünen und Vogelschutzgebiet 100 km nördlich von Auckland, mit „Beachfront Luxury Lodge" und 20 powered sites, Shop, Spielplatz, großer Küche und Spielraum, Duschen extra, Kinder unter 5 Jahre zahlen 5 NZD pro Nacht, bis 12 Jahre 10 NZD pro Nacht	40 bis 80 NZD
Qualmark ***plus, kleiner Platz im Stadtgebiet von Auckland (Stadtteil Takapuna) am Strand, Blick auf Rangitoto Island; WLAN, Duschen inkl. (Zugang mit Schlüssel), Sonnendeck mit BBQ, Beachside-Stellplatz kostet 5 NZD extra	42 NZD
Qualmark ****plus, Enviro Bronze Award, Family Park, 50 Minuten Fahrt vom Flughafen, nur wenige powered sites, WLAN, Duschen und Thermalpool inkl., Shop, Spielplatz	50 NZD
Luxuriöser Platz nahe Whitianga, über 150 große, parzellierte powered sites, Duschen und WLAN inkl., Spielplatz und beheizte „Lagunen-Pool"-Landschaft	36 bis 66 NZD
Abgelegener, einfacher Platz mitten in der Natur ca. 15 km von Raglan, direkt am Strand mit toller Sicht, 10 powered sites, kein Handy-Netz, nur Barzahlung, mit Badestelle, Trinkwasser aus Quelle, Duschen inkl.	30 NZD
Qualmark, Familiy Park, großer, älterer Platz 6 km von Matamata, 80 powered sites, mit kostenlosem Eintritt in das Opal Springs Thermalschwimmbad, WLAN, Shop, Duschen inkl.	40 NZD
Qualmark ****, Kiwi Holiday Park, mit drei Thermalpools, 36 powered sites, WLAN, Duschen und BBQ inkl.; Spielplatz und Spielzeugverleih, Kinder zahlen ab 1 Jahr	44 bis 52 NZD
Qualmark ****, großer Platz (3 Zonen mit je eigenen, topmodernen Anlagen, Duschen inkl., Kinderbadewannen), mit zwei Strandzugängen; kostenloses WLAN	37 bis 63 NZD

Wo?	Name	Kontakt
Napier	Waipatiki Beach Holiday Park	498 Waipatiki Road, RD1 Napier +64 6836 6075 www.waipatikibeach.co.nz
Rotorua	Waiteti Trout Stream Holiday Park	14 Okona Cres, Ngongotaha/Rotorua +64 7357 5255 / 0800 876 881 (kostenlos) www.waiteti.com
Tongariro	Whakapapa Holiday Park	SH 48, Whakapapa Village, 4691 +64 7892 3897 www.whakapapa.net.nz
Taupo	Golden Springs Holiday Park	4085 SH 5, RD2, Reporoa 3083 +64 7333 8280 www.goldenspringsholidaypark.co.nz
Paekakariki	Paekakariki Holiday Park	180 Wellington Road, Paekakariki, Kapiti Coast +64 4292 8292 www.paekakarikiholidaypark.co.nz
Wellington/Levin	Himatangi Beach Holiday Park	30 Koputara Road, Himatangi Beach +64 06329 9575 www.himatangibeachholidaypark.co.nz
Wellington	Waterfront Motorhome Park	Waterloo Quay www.wwmp.co.nz/home Kontakt nur über Website
Südinsel		
Picton	Waikawa Bay Holiday Park	5 Waimarama Street, Waikawa, Picton 7220 +64 3573 7434 / 0800 924 529 (kostenlos) www.waikawabayholidaypark.co.nz
Marlborough Sounds/Linkwater	Smith's Farm Holiday Park	Queen Charlotte Drive, RD 1, Picton +64 3574 2806 www.smithsfarm.co.nz
Nelson	Cable Bay Holiday Park	799 Cable Bay Road, RD1, Nelson 7071 +64 3545 0003 www.cablebayfarm.co.nz
Marahau	The Barn	Harvey Road, Marahau, RD2 Motueka +64 3 527 8043 www.barn.co.nz
Golden Bay	Farewell Gardens Puponga	37-39 Seddon Street, Port Puponga, Golden Bay +64 3524 8445 www.farewellgardens.co.nz

Ausstattung	Preis (Powered Site f. 2 Personen)
Großer, terrassierter Platz 300 m vom Strand auf Farmgelände, mit Spielplatz und Tieren, Duschen inkl., Shop, kein WLAN	30 bis 48 NZD
Qualmark ****, Enviro Gold Award, 10 Min. vom Stadtzentrum, Stellplätze am Flussufer, Duschen und Kayaks inkl., kein Schwefelgeruch, WLAN, Spielplatz, Shop	36 bis 40 NZD
Qualmark ****, Enviro Bronze Award, DOC Serviced Campsite, einziger ausgestatteter Campingplatz im Tongariro NP am Mt. Ruapehu; 44 kleine, private powered sites an einer Schlucht, mit großer Gemeinschaftsküche, WLAN, Badewanne, Duschen inkl., Trampolin, BBQ, Kinder zahlen ab 3 J.	42 NZD
Abgelegener, etwas älterer Platz zwischen Taupo und Rotorua, mit Thermalfluss (zum baden!), Thermalpfad und Pool, mit 21 powered sites, WLAN, Restaurant verkauft Lunchpakete, BBQ, Spielplatz	40 bis 44 NZD
Großer Platz 45 Min. nördlich von Wellington am SH 1, gegenüber dem Queen Elizabeth Park an der Kapiti Coast, 180 parzellierte Stellflächen, WLAN, familienorientiert, Spielplatz mit Jumping Pillow, Kinder zahlen ab 1 J.	32 NZD
Qualmark ****, Strandnähe (überwachter Strand), 50 powered sites, überdachter Spiel-Bereich, Spielplatz mit Trampolin; Kinder zahlen ab 2 J.	37 bis 45 NZD
39 Stellplätze auf Asphalt direkt am Hafen, abgezäuntes Gelände, kleine Anlage (Zugang mit Code), max. 5 Nächte	50 NZD (nur mit Kreditkarte!)

Qualmark ****, Kiwi Holiday Park, etwa 5 Fahrminuten vom Fährterminal in Picton direkt an der Bucht, 50 powered sites auf großer Rasenfläche, mit Pool, Spielplatz, WLAN, Duschen inkl., Kinder zahlen ab 2 J.	34 bis 39,50 NZD
Ruhige Lage auf Farmgelände, 12 powered sites, Spielplatz, sehr familienfreundlich	36 NZD
Kleiner, abgelegener Platz auf hügeligem Farmgelände, 20 Min. nördlich von Nelson, Kinder zahlen ab 2 J.	38 NZD
Sanitärgebäude und Küche mit BBQ offen, Duschen inkl., WLAN, Terrasse mit Billard, Pizzaofen und Freiluft-Spa, Spielplatz, Shop, nur wenige powered sites in unschöner Lage, KInder zahlen ab 6 J.	44 NZD
Abgelegener, etwas älterer Platz 150 km von Nelson, nahe Farewell Spit; Stellplätze in einem Garten am Meer, voll ausgestattete Küche, Duschen inkl., Kinder zahlen ab 2 J.	36 bis 43 NZD

Wo?	Name	Kontakt
Kaikoura	Peketa Beach Holiday Park	SH 1, 7 km südlich von Kaikoura +64 3319 6299 www.kaikourapeketabeach.co.nz
West Coast/ Greymouth	Jacksons Retreat Campervan Holiday Park	SH 73 +64 3738 0474 www.jacksonsretreat.co.nz
Fox Glacier	Fox Glacier Top Ten Holiday Park	Kerr Road, Fox Glacier 7886 +64 3751 0821 / 0800 154 366 (kostenlos) www.fghp.co.nz
Christchurch	South Brighton Holiday Park	59 Halsey Street, South Brighton, Christchurch +64 3388 9844 www.southbrightonmotorcamp.co.nz
Geraldine	The Farmyard Holiday Park	Coach Road, RD22 Geraldine, South Canterbury, +64 3693 9355 www.thefarmyardholidaypark.co.nz
Banks Peninsula	Okains Bay Camping Ground	1162 Okains Bay Rd Akaroa +64 3304 8789 www.okainsbaycamp.co.nz
Oamaru	Waitaki Waters Holiday Park	305 Kaik Rd, RD 5H, Oamaru +64 3431 3880 www.campingoamaru.co.nz
Wanaka	Lake Outlet Holiday Park	197 Outlet Rd, Wanaka 9343 +64 3443 7478 www.lakeoutlet.co.nz
Dunedin	Moeraki Village Holiday Park	114 Haven Street, Moeraki, 2 RD, Palmerston 9482, +64 3439 4759 www.moerakivillageholidaypark.co.nz
Queenstown	Queenstown Holiday Park Creeksyde	54 Robins Road, Queenstown +64 3442 9447 / 0800 786 222 (kostenlos) www.camp.co.nz
Te Anau	Te Anau Kiwi Holiday Park	15 Luxmore Drive, Te Anau 9600 +64 3249 8538 / 0800 249 555 teanaukiwiholidaypark.co.nz
Owaka/Surat Bay	Newhaven Holiday Park	324 Newhaven Road, RD1, Owaka/Catlins +64 3415 8834 www.newhavenholiday.com
Catlins/Curio Bay	Curio Bay Holiday Park	601 Waikawa-Curio Bay Road, Tokanui 9884, +64 3246 8897 www.curiobayholidaypark.com

Ausstattung	Preis (Powered Site f. 2 Personen)
Familiärer, günstiger Platz 7 km außerhalb von Kaikoura, direkt am Strand mit über 100 powered sites, für beachfront sites 4 NZD extra, Duschen inkl., WLAN, Shop, Spielplatz, Kinder unter 5 J. zahlen 5 NZD	40 bis 44 NZD
Qualmark *****, Enviro Gold Award, 40 (überdachte!) Stellplätze mit eigenen Panoramafenstern und Badewannen, Dusche inkl., 33 km westlich von Arthurs Pass Village an SH 73	44 NZD
Qualmark ****plus, Enviro Bronze Award, großes Gelände mit Alpenblick, Spielplatz, 60 parzellierte powered sites auf Asphalt, WLAN, 3 Gemeinschaftsküchen (ohne Ausstattung), Familienbad, Duschen inkl., behindertengerecht, Kinder zahlen ab 2 J., Erwachsenen-Preis ab 14 J.	45 bis 48 NZD
Qualmark ****, Platz mit Bus-Anbindung, 300 Meter vom South Brighton Beach, Duschen inkl., WLAN mit 100 MB kostenlos, Abenteuerspielplatz mit Trampolin, Kinder zahlen ab 4 J., Familienrabatt	36 NZD
Ruhige Lage 140km südlich von Christchurch, Platz mit großen Stellflächen auf Rasen, 30 powered sites, Shop, WLAN, Pool, riesiges Spielgelände und Streichelzoo, Kinder zahlen ab 3 J.	37 NZD
Ruhige Strandlage am östlichen Rand der Banks Peninsula, 15 km von Akaroa, Duschen extra, kein Strom, kein Trinkwasser, großer Spielplatz und Strandzugang, familienfreundlich	24 NZD
„AA Hospitality Award"-Sieger; 10 Min. nördlich von Oamaru, über 50 powered sites, WLAN, Duschen und Wäsche inkl., Spielplatz, Shop	29 NZD
Großer, terrassierter Platz 6 km von Wanaka direkt am See, 100 powered sites teils mit WLAN, Shop	35 NZD
In Strandnähe über dem Hafen, 28 powered sites, WLAN, 50 Meter zum Strand und Spielplatz	32 NZD
Qualmark *****, teuerster und bester Campingplatz der Stadt mit kreativer Deko (Steampunk!), nahe Stadtzentrum, Luxus-Sanitäranlagen mit Sauna und Spa, BBQ und Duschen inkl. , Kinder zahlen ab 1 J.	50 bis 60 NZD
Qualmark ****plus, Enviro Silver Award, großes Park-ähnliches Gelände im Stadtgebiet, TV Lounge mit Kamin, WLAN, Spielplatz, Kinder zahlen ab 3 J.	42 bis 48 NZD
Gut ausgestattete Anlage, WLAN, Strandzugang	35 NZD
Sehr einfacher Platz etwa 13 km von Slope Point auf einer Landzunge, 23 powered sites teils an Klippen, sehr einfache Ausstattung mit kleiner Gemeinschaftsküche, Duschen nicht inkl., BBQ, Waschmaschine, Shop	30 NZD

Empfehlenswerte Literatur

Reiseführer und Straßenkarten:

Lonely Planet New Zealand: die Bibel der Reiseführer, gute Karten, sehr schlicht gestaltet, sehr detailliert und budgetbewusst recherchiert; 19 Euro in Englisch, ca. 27 Euro in Deutsch

Stefan Loose Neuseeland: deutsche Übersetzung des englischen „Rough Guide“, inhaltlich dem Lonely Planet sehr ähnlich, wenige Karten und sehr schlichte Gestaltung; ca. 27 Euro

DuMont Reise-Handbuch Neuseeland: ansprechendes Layout mit vielen Bildern, guter Überblick, aber eher ungeeignet für budget-orientierte Individualreisende; ca. 25 Euro

Road Atlas von Hema: umfangreich, detailliert und erschöpfend; ca. 36 Euro

AA Road Maps: Die Straßenkarten des neuseeländischen Automobilclubs NZAA sind völlig ausreichend für touristische Zwecke; Mitglieder des ADAC können sie in den AA Centers kostenlos mitnehmen.

Jason's Book Holiday Parks and Campgrounds, kostenlos überall in Neuseeland

Für Eltern: „Where shall we take the kids?“ von Gaye Miller, nur gebraucht bzw. in Neuseeland erhältlich

Für Individualisten und Outdoor-Fans: „NZ Frenzy North Island/South Island“, von Scott Cook, gebraucht über Amazon.com erhältlich und als Ebook herunterzuladen über www.nzfrenzy.com für jeweils 10 USD

Für Herr-der-Ringe-Fans: „The Middle Earth Location Guidebook“ von Ian Brodie, ca. 25 Euro

Weblinks

Rankers: www.rankers.co.nz listet Unterkünfte aller Art, Campervan-Vermieter und Touren-Anbieter in Neuseeland auf und zeigt die Bewertungen von Nutzern; die Rankers-App mit Offline-Karten gibt es für iPhone und Android kostenlos.

CamperMate: www.campermate.co.nz ist eine privat betriebene Website, die Campingplätze, *dump stations*, öffentliche Toiletten etc. auflistet; es gibt eine

kostenlose App für iPhone und Android und einen SMS-Service.

DOC-Seite: Auf www.doc.govt.co.nz gibt es ausführliche Informationen zu Wanderwegen, Sicherheitstipps, Karten und eine Liste der DOC-Campsites, geordnet nach Regionen und mit Download-Link zu zwei PDF-Dateien.

Metservice: Auf www.metservice.com gibt es die umfangreichsten und verlässlichsten meteorologischen Informationen über Neuseeland, ebenfalls mit einer kostenlosen App.

NZAA: Der neuseeländische Automobilclub ist unter www.aa.co.nz zu finden.

Weltwunderer: Auf dem Blog www.weltwunderer.de finden Eltern Wissenswertes, Ausflugstipps und Reiseberichte für Reisen mit Kindern durch Neuseeland.

360° Neuseeland: Auf www.360grad-neuseeland.de gibt es ausführliche und aktuelle Informationen aus und über Neuseeland.

Achtung

Die Innenstadt von Christchurch wurde durch die Erdbeben von 2011 stark zerstört; nicht jedes Navi oder GPS-Gerät kennt alle Straßensperrungen. Auf der Website Road Closures Christchurch City (**http://www.ccc.govt.nz/thecouncil/newsmedia/publicnotices/roadclosures.aspx**) werden aktuelle Verkehrsbeschränkungen angezeigt.

Stichwortverzeichnis

L

M

N

O

P

Q

R

S

T

V

W

Quellenangaben:

„New Zealand Road Assessment Programme (KiwiRAP)"
http://www.kiwirap.org.nz/results.html

„The official New Zealand road code online", NZ Transport Agency:
http://www.nzta.govt.nz/resources/roadcode/

www.aa.co.nz

DOC Conservation Campsites: http://www.doc.govt.nz/parks-and-recreation/places-to-stay/conservation-campsite-information/campsites-brochures/

„Freedom Camping Restrictions": http://www.doc.govt.nz/parks-and-recreation/places-to-stay/freedom-camping/

„Caravan Self Containment Certification: NZS 5465":
http://www.mfe.govt.nz/issues/waste/freedom-camping/

„New Zealands Child Restraint Law": http://www.childrestraints.co.nz/law.php

„Schulfreistellung für die Weltreise – geht das?"
http://www.kidsaway.de/reiseplanung/vorueberlegungen/langzeitreise-mit-kind-schulfreistellung-fuer-die-weltreise-geht-das/

„Food Cost Survey", University of Otago:
http://nutrition.otago.ac.nz/consultancy/foodcostsurvey

www.numbeo.com

Websites der Wohnmobil-Vermieter
(www.wilderness.co.nz, www.wicked.co.nz, www.wendekreisen.co.nz, www.united.co.nz, www.spaceshiprentals.co.nz, www.pacific-horizon.co.nz, www.mighty.co.nz, www.maui.co.nz, www.kea-campers.co.nz, www.jucy-campas.co.nz, www.iconic-motorhomes.co.nz, www.easygo.co.nz, www.cheapa-campa.co.nz, www.britz.co.nz, www.bedmobil.co.nz, www.apollo.co.nz, www.alpha-campervans.co.nz)

Neuseeland's beliebteste
Art des Reisens